U0643526

给你一束光

光的方向

中 国 作 家 的 生 活 现 场

—— 青年报社 编
—— 李清川 主编
—— 陈 仓 执行主编

百花洲文艺出版社
BAIHUAZHOU LITERATURE AND ART PRESS

图书在版编目（CIP）数据

光的方向 / 青年报社编；李清川主编. -- 南昌：百花洲文艺出版社, 2019.5
（对话百家）
ISBN 978-7-5500-3236-1

Ⅰ. ①光… Ⅱ. ①青… ②李… Ⅲ. ①作家-访问记-中国-现代 Ⅳ. ①K825.6

中国版本图书馆CIP数据核字(2019)第064446号

光的方向

青年报社 编　　李清川 主编　　陈 仓 执行主编

出 版 人　章华荣
责任编辑　蔡央扬　张兆磊
书籍设计　方　方
制　　作　周璐敏
出版发行　百花洲文艺出版社
社　　址　南昌市红谷滩新区世贸路898号博能中心A座20楼
邮　　编　330038
经　　销　全国新华书店
印　　刷　江西华奥印务有限责任公司
开　　本　710mm×1000mm　1/16　　印张 19
版　　次　2019年5月第1版第1次印刷
字　　数　227千字
书　　号　ISBN 978-7-5500-3236-1
定　　价　65.00元

赣版权登字 05-2019-92

邮购联系　0791-86895108
网　址　http://www.bhzwy.com

光能繁殖

李清川

现在回想起来，我们酝酿在《青年报》新创一份文化类子刊，是在2016年春节前，甚至更早一些时候。说“论证”是不准确的，其实无需“论证”现实境遇都是尴尬的：在那个冬天，纸媒没落成了大众话题，文学式微也常见诸讨论，此时抱残守缺，以纸为阵地、以文学立足，我们似乎是在逆流而上。但是我们宁愿逆流而上，也不愿意顺势而下，因为在理性思考中我们发现，在文化多元和节奏趋快的大时代，青年更加需要定律与方向；在个人梦被自由放大的际遇下，青年比任何一个人群更加需要文化的力量。

2016年4月，《青年报》迎来第一万期出版，我们将《新青年》周刊正式落纸。之所以选择“新青年”为名，我们并无攀附之意，我们“新青年”的“新”，是思想的新，也是文化的新；我们“新青年”的“青年”，不仅是意欲照射到的目标，也是力求寻找的光源。如何赋予这份子刊以魂呢？我们以为，关键是要有眼光。我们这样比喻，文学家、文化学者、文脉传承和弘扬者，就是灵魂的塑造家。因此，我们以他们的最新作品为主线，开设《上海访谈》《自白》《重读》《旁评》等栏目，约请青年写作者进行同题创作。在文人、文章、文脉、文鉴这一逻辑下，我们致力捕捉那些既可以沉淀为历史的，又可以预见未来的文化视点，关注那些不是流行的，不是潮头的，但一定是动态的，是发展的，有力量的，有灵性的，是年轻人走着走着就会迎面相遇的。我们想做的，就是给你一束光，让它照着赶路者的某个方向。

到《对话百家》系列丛书启动编辑工作时，《新青年》周刊已经出版了133期，不觉中，我们用心陪伴了三年时光。在岁月长河中，这光景不过只是个瞬间，但如果有耐心，你就会发现这一瞬之中的永恒——要是以130多位作家为坐标点编绘一张中国当代文学地图，是不是可以观察到中国文学的当下特征和前进方向？是不是能触摸到社会发展和文化进步的某些趋势？更为关键的是，因为有更多、更深广、更具代表、更有期望空间的作家加入，这一文学地理的建构还在继续。

一路走来，我们对中国文学的过去、现在和未来，越来越有信心，而这无疑来自作家和读者。

平素里我们与文坛大家的交往，更多是在文字中相见，这种由文字及情感的共振，不免伴生仰视和忐忑。是作家们的宽容、诚恳和磊落，让我们始终温暖。联系贾平凹时，他正在武汉授课，身体很疲惫，但得知我们“等米下锅”，他在凌晨配合完成了采访。同样的情境下，迟子建在忙于家事，阿来在藏区调查，王跃文在基层参加活动，李佩甫在创作新作……我们的高频访问从未陷入“独坐悲双鬓，空堂欲二更”的不安，真是个奇迹。

每当周五收到陈仓发来的清样，我都会想，每一位作家执着的文学故事和丰厚的人生体验，都无异于一支支拧开的手电，在他们的言谈间，光就会自然发散出来。张炜在谈到长篇小说《你在高原》创作时说，如果不写完这部作品恐怕一生都不会安宁，为此，他耗时二十二年，写下450万字，流了很多眼泪。麦家的长篇小说《解密》经历了十七次退稿，他并没有因为挫败而迟疑，还将其解读为“每一次退稿对我个人而言都是打击，对作品来说都是‘打铁’”。以平朴为人和谦逊姿态为人称道的陈忠实，在生前接受采访时常会强调，他不是大师，这不是谦虚，而是远远不及大师的格。

另一方面，读者始终是我们关注和连接的重点，是我们的情愫所系，源源不断给我们以持久力量。在社交网络活跃的当下，他们用传统的书信和电话，表达着对作家、作品和《新青年》周刊的偏爱。他们中，有作家、评论家、大学教授和媒体同仁，更多的还是青年学生和普通读者。他们中有人要跨年度、跨地区订阅报纸，有人想购买全套报纸收藏，还有人，只为说一句“我喜欢”。“天涯海角非远，银河夜夜相望”，如此鼓励下，我们既欢喜在心，又感重任压肩。

光是有方向的，光也能生出光。事实上，我们编辑出版《对话百家》系列丛书，还有为中国文学保存温暖历史的一点野心。客观说来，受出版形态、地域限制和传播时效影响，对话类文本的阅读体验还需优化和释放。我们希望，通过必要的梳理整理，去满足部分读者深入阅读的需要，也为文学研究者提供一种参考。这种利用纸媒积攒“光”，再借助书投照“光”的愿景，也让我们在工作之余悄然完成了一次历史记录和思想沉淀。

我们知道，出好一套书，出一套好书，并不比办报简单，恐怕还会复杂一些。《对话百家》系列丛书能够与读者见面，我们要向每一位作家致谢，向提供过帮助的朋友致谢，尤其要感谢百花洲文艺出版社的工作团队，他们倾注了热情和心血。春节前，出版社的策划、编辑团队专程来到上海，我们有过倾心一晤，他们对内容修订、装帧设计、市场推广提出了高水平意见，做了细致安排。我们都相信，有文学相伴的人生是美好的人生，被文学注入的时代是有灵魂的时代。这样的共识是幸福的，既有各自职业的坚守，也有来自文化的传承。

最后还要做几点说明：一是每卷本目录中的作家次序，大致遵从了姓氏笔画排序。姓氏传自祖先，即便是笔名也代表着文字的血统，所以是天赐的，是自然的，自然的方法应该就是科学的方法，也因此呈现出老幼相携、结队出发的友好气象。二是关于作家、作品的介绍信息，依据了报纸首发的资料，没有进行全面更新，因为作家一直都在路上，很难等到一个最终的结论。三是从报纸到图书的形态转化中，出于平衡新闻性与文学性，兼顾传播功能和阅读体验，去除了随时间推移而失去效力的部分内容。以上处理，如有不妥或者疏漏，还请予以理解和谅解。由于能力和目力所限，不免会有遗憾和失误，也希望得到各个方面的谅解。

2019年，是五四运动100周年，还是新中国成立70周年，我们以此致敬历史。遥想百年前的《新青年》杂志，提出“自由的而非奴隶的，进步的而非保守的，进取的而非退隐的，世界的而非锁国的，实利的而非虚文的，科学的而非想象的”，吹响了五四新文化运动的号角，成为历史进程中一个明亮的符号。

历史的门槛都连接着新起点。2019年6月10日，《青年报》迎来了创刊70周年的纪念，我们也以此送给《青年报》和她的读者。追溯历史，勇于尝鲜，绝不墨守，是《青年报》和青年报人最鲜明的特质，这种内生的创造力，也是今天的我们传承火炬、接续发展的重要支撑和精神力量。愿由此开端的新的路上，我们总有希望，充满发现。

（作者系青年报社党委书记、社长，中国作家协会会员，上海市新闻工作者协会常务理事）

文学属于青年

陈思和

1917年，陈独秀携带着他主编的《新青年》杂志移师北京，在北京大学发动了史无前例的“文学革命”。是年一月，《新青年》第二卷第一号发表胡适的《文学改良刍议》，二月，发表陈独秀的《文学革命论》，白话文学运动承载着思想革命的使命，席卷全中国。两年以后，1919年，《新青年》的思想启蒙直接唤醒了大批知识分子和青年学生，为了应对巴黎和会的外交事件，五四运动轰轰烈烈地爆发了，中国由此进入新的历史阶段。

陈独秀在上海创办《青年杂志》（后改名《新青年》）之初，仅仅是一个励志型的青年思想杂志。北上以后，短短几年就办得风生水起，获得了全国性的成功。什么原因？北京大学是第一个原因，那是全国优秀青年云集之地；提倡“文学革命”是第二个原因，新文学以其新鲜活泼的语言和形式，深深吸引了大学里的青年学子。新文学浪潮与青年运动相结合，便可创造一个崭新的时代。

新文学浪潮与青年运动紧紧联系在一起，在社会上产生了革命先锋的影响。我曾经把新文学运动领袖们的出生年份列出来：鲁迅是1881年出生的，李大钊是1889年出生的，就是我们今天所谓的80后；胡适出生于1891

年，傅斯年出生于1896年，属于90后；陈独秀是1879年出生，也就是70后的“尾巴”，但他已经担当了新文化运动的主将。新文化运动里几乎没有50后的作家。康有为生于1858年，严复生于1854年，他们在新文化运动兴起时已经被看作是过时的人物。而正是陈独秀、鲁迅、李大钊、胡适这样一批70后、80后和90后的青年知识分子，开创了现代中国的新纪元。

他们所开创的时代，真正是青年的时代。

上面这段议论，是我在读李清川、陈仓主持编辑的《对话百家》系列丛书书稿时，由衷想说的话。他们两位都是有文学情怀的媒体人。我与陈仓相识于复旦大学的课堂里，他来约我做一个访谈。他告诉我，青年报社创办了一个《新青年》周刊，每期用七八个版面来介绍一个当代重要作家，那时已经推出的就有贾平凹、陈忠实、张炜、余华、刘醒龙、欧阳江河、周大新、李佩甫等等，向青年读者展示当代文学的风貌。我被他们的编辑理想深深触动，我知道《青年报》是一家面向青年人的资深媒体，拥有大量的青年读者，由它来隆重推介当代文学，将会产生不可估量的影响。

新世纪的中国文学正处于一个转型更替的关键时期。我在前几年写过一篇文章，题目叫做《从“少年情怀”到“中年危机”》。我的意思是：从五四新文学发展而来的现代文学，原来就其本质而言是青年文学，它含有强烈的文学先锋因素，表达了中国青年在各个历史阶段的社会情绪和审美形态。但是新世纪以来，随着社会发展的稳定和文学功能的变化，更形象一些说，文学已经进入了“中年”阶段。其标志之一，对照百年前的新文化运动，如今在文坛一线创作的活力最强、影响最大的作家群体，依然是1950、1960年代生人，他们经过了三十多年的写作实践，形成了成熟的世界观与写作风格，艺术上也日臻完善，他们是延续五四新文学传统的一代作家，但他们毕竟已经不是青年了。而真正反映着大多数青年社会情绪的文学，却被遮蔽在资本渗透下的网络新媒体、文化市场、大众娱乐等尘霾之中，还没有发出真正的光彩。我把这种文学状态称之为“中年危机”。

因此，如何弥合这两大类文学的健康因素，有效地把五四新文学的传统与当代社会生活以及新媒体新技术结合起来，推动新一代的五四精神传人的诞生，把新文学传统的生命活力延续下去，让更多的文学青年了解和认同前辈作家的创作心声和生活态度，在新形势、新环境、新媒体中凝聚起新的力量。这对我们所有不同年龄层次的文学工作者来说，都是一项极其艰巨的任务，但也是光荣的使命。

在这个意义上，我对青年报社编辑出版的《新青年》周刊，自觉运用大众媒体来向青年读者推介当代著名作家的工作，充满敬意。他们选择的当代著名作家艺术家，是五四新文学传统的自觉继承者，弘扬他们卓越的创造性劳动成果，总结他们在文学上的精神血脉，扩大他们的创作影响，对于传承新文学传统的血脉有着重要的意义。也许他们现在做的工作，只是一种堂·吉诃德式的风车大战，但终究是“石在，火种就不会灭”，人文精神需要代代相传。

现在青年报社把《新青年》周刊上的130余位中国作家的对话录编辑成书，这是非常有意义的工作。我希望这套六卷本的书能够获得更多的青年读者的喜爱。是为序。

（作者系著名评论家，复旦大学图书馆馆长、文科资深教授，上海市作家协会副主席）

目　录

刘醒龙

刘醒龙，1956年生，湖北黄州人，湖北省文联主席。主要作品有长篇小说《圣天门口》（三卷）、《天行者》《蟠虺》等十余部，出版有长篇散文《一滴水有多深》、散文集《寂寞如重金属》、小说集《刘醒龙文集》等数十种。曾获茅盾文学奖、鲁迅文学奖、庄重文文学奖、中国当代文学学院奖、《小说月报》百花文学奖（三次）。

当不了君子也不能做小人

如果不了解刘醒龙的文学地理与生活经历，我们很难想象为什么在他笔下和精神世界里，总会出现根植在几千年历史中的文化符号和中华文明的象征。刘醒龙谈及长篇小说《蟠虺》时表示，青铜重器只与君子相伴，这句话在写作过程中冒出来后，心情突然变得异常沉重，这让他不得不思量，物质世界的坚实环境，比如塔基和桥墩一类，换成精神生活就只能是灵魂的底线。所以，这部小说想做到的是为时下的人性划出底线。

《蟠虺》是你自长篇小说《圣天门口》以来最为重要的作品。在你个人的创作史上，相当重要。实际上，我认为还不仅如此，在当下中国的整个文学格局中，《蟠虺》像作品中的蟠虺一样，分量也非常大。请问《蟠虺》的创作具体动念于何时？其间又经历了怎样的创作过程？

严格说来，《蟠虺》动笔之初，算不上是《蟠虺》写作的开始。真正的开始，是写作进行中，找到“识时务者为俊杰，不识时务者为圣贤”这句话以后。第一次对曾侯乙尊盘有所了解是2003年，面对难以言说的奇妙心中曾闪过一丝念头，这或许可以写进小说里。真正萌生写作意念是从获茅盾文学奖后的纷杂中沉静下来的2012年初。曾经沧海难为水，文学最能使人进入如此境界。文学奖项背后的世俗浊流，会让真正的作家更加忘我地投入到文学沧海之中。作家对世界的认知，有相当部分不需要太劳神费力，文学界本身就是小社会，对文学界认识深了，对社会的认识一定浅不了。就一个人来说，即使当不了君子，至少不能做小人。那一阵，听到一件事，是说某人在众目睽睽之下吹捧某位高官，那些话的原意被后来的小说改造为郑雄说新任省长是当代的楚庄王。仅仅如此细节仍进不了我的小说，我一向不去专门为邪恶而耗费文心，也不会用我的文字哪怕只是记录一下邪恶，除非有足以驱逐邪恶的华彩的东西同时出现在我的笔下。苍天自有苍天的公正，如我所愿，接下来就听到了另一件事，人们谈到某高校校长，不记个人毁誉，在一个特殊的夏天，保护一批莘莘学子。《蟠虺》是在写到《蟠虺》全书的三分之一处才真正开始的，写到约十万字时，某天深夜，突然有了“识时务者为俊杰，不识时务者为圣贤”这句话，那一刻我才体会到这部小说写作对我的意义所在，甚至是对中国当代文学的意义所在。

所以在《蟠虺》的开头，曾本之“用尽全身力气”写下了“识时务者为俊杰，不识时务者为圣贤”这样的话，这是整个小说中不同人物的人格选择，我甚至觉得，这就是整个小说最基本的主题模式。不光是《蟠虺》，你的很多小说实际上都潜隐着这样的模式，即道德和伦理的主题模式，正是在这种支配性的主题模式外，作品再呈现出丰富多彩的故事情节。毫无疑问，《蟠虺》的主人公曾本之所企慕的人格境界，就是青铜重器所喻示着的君子人格，他与小说中的马跃之、郑雄等其他人物之间发生的故事，无论是互相认同，还是反复冲突，实际上都与他的人格理想密切相关。《蟠虺》中多次出现“青铜重器只属君子”这样的话，有时是他对别人陈说，有时又是他自言自语，都表现出他不断地在以君子人格砥砺自己。

青铜重器只与君子相伴，这句话在写作过程中冒出来后，心情突然变得异常沉重。这种感觉一旦出现就不肯消失，甚至在想象两位资深学者互斗对联这类略带娱乐的细节时，依然如是。天地间轻的东西总是向上方的高处漂移，重的物质则会往下，必须是坚实的地方才能存放。这让我不得不思量，物质世界的坚实环境，比如塔基和桥墩一类，换成精神生活，就只能是灵魂的底线。国之重器象征国家的基本实力，人之重器无疑是一个人的灵与肉的质量。再大的大人物，如果灵肉质量有问题，到头来依然只是小人一个。生命能够承受多大的重量，是由其底线的构筑质量所决定的，将一百吨的大吊车，安放在五吨吊车的底座上，不要说它能吊起多少重物，可能连自身的正常姿态都达不到。所以，这部小说想做到的是为时下的人性划出底线。

“识时务者为俊杰，不识时务者为圣贤”和“青铜重器只与君子相伴”，这两句话从对作品主旨的明晰与确定来说，无疑是《蟠虺》创作过程中的两件“大事”，尤其第一句话至关重要，你一定也是颇费思量、几易其稿吧？

小时候看京剧《红灯记》，小鬼子鸠山劝降李玉和时，就要他识时务，让人觉得“识时务的”肯定不会是好东西。长大了，见多了，又发现在敌我之外的日常世俗之中，往往以识时务为首选。就说读书人，20世纪80年代初期，重提“重视知识重视人才”，一阵风将许多乌纱帽吹到读书人头上。没过多久，又有许多人停薪留职下海去。从拼命上大学，到千方百计当官，再到疯狂捞钱，这样的时务，也可以看作是人生进步过程中的一种。另一些人，则认准自己最看重的价值，心无旁骛地坚持下去，不在乎是否会成为又一个西西弗斯神话。我在1994年出版的长篇小说《威风凛凛》勒口上有一句话：作家有两种，一种是用思想和智慧写作，一种是用灵魂和血肉写作。我愿意成为后者。这些都可以看作是“识时务者为俊杰，不识时务者为圣贤”这句话的准备过程。

最终确定为目前的“识时务者为俊杰，不识时务者为圣贤”，它与“青铜重器只与君子相伴”这句话在小说中互相交替着几度出现，像是交响曲中的一个主要旋律，将作品的基本主题牢牢铆定，起到了你前面所说的“精神底座”的作用。

当代文学需要一些结实的成分，这也正是交响曲的特点，一切的交响曲必不可少的正是那种令人无法抵挡的结实。文学只有结实起来，才有机会展现强大魅力。

有时候，文学作品的命运真的是作家本人所难以左右和预测的。文学史上经常会有这样的例子，就是作品问世后，它的意义与价值——不管是在社会、思想和文化方面，还是在文学方面——被人们进一步挖掘、阐释并且产生更加广泛和深远的影响，经常为作家所始料未及。《蟠虺》出版后影响很大，对你的影响是什么？

《蟠虺》刚刚问世，就有命运一样的东西出现，湖北省博物馆馆长方勤在新书发布会上得知，书中根据“曾侯乙”来推测，春秋战国时另有“曾侯甲”或者“曾侯丙”，便再三问本书是何时出版的。责任编辑谢锦告诉他，最早一批书是2014年4月出版的。方勤大为诧异，正是4月间，在随州出土了属于“曾侯丙”的春秋战国青铜器。听得此言，感觉就像与命运在拐角的地方撞了一个满怀。作品的命运在某种意义上讲比人的命运更难把握，人在做什么事情时，心里是有把握的，严谨的人更会将这种把握运用到极致。这与作品在人群中流传开来的情形大不相同，阅读者如何理解，作者与作品毫无办法。就像前些年，大家硬说我的一部中篇小说是为贪官污吏“分享艰难”那样。很多时候，人们摆明了就是要戴着有色眼镜，抱着特别目的来阅读的。正因为如此，小说出版后，一些人大呼过瘾，《人民日报》破天荒用整版推介这部小说后，惹得不少人私下里询问是不是还有其他暗示性背景。另一些人则恼羞成怒，逮着机会就玩些偷鸡摸狗的小动作。活这么久，见得多，对于这些早已宠辱不惊了。一个成熟的作家，只是敢于担当还不行，还要担当得起。迄今为止那些阴暗者还没有公开跳出来，说明我还有担当的力量。这就行了，半辈子写作到了这份上，除了写作其余都是身外之物，皆可如曾本之与马跃之那样，当成鼻屎！

这就是始料未及，太有戏剧性了，《蟠虺》甚至预言了“曾侯丙”的存在。

还有一件事，《蟠虺》出版后，我给好朋友，也是武汉电视台台长顾亦兵送了一本，他是我们这座城市里难得的真正的读书人。有天深夜他突然发信息说，他在读韩非子，发现关于“虺”的新的解释。在通常的典籍，作为一种毒蛇的“虺”被解释为“虺五百年为蛟，蛟一千年为龙。”但在韩非子那里，虺还是一种长着两只口的，为着争抢食物，常常互相撕咬的蛇。这种古老的解释与小说的某种寓意相契合，看上去是始料未及，实则是古今大势灵魂般的沟通。

对我来说，《蟠虺》还兼有普及考古学方面知识的意义。我以往对青铜器了解不多，关于范铸法、失蜡法等，都是从《蟠虺》开始才逐步去了解。我是在文化与文明重建的层面上来看《蟠虺》的价值的。这些年中国的思想界、文化界，当然也包括我们的文学界，有一个非常巨大的焦虑，就是如何在世界性的文化格局中体现我们中华文化与中华文明的重要地位与影响力的问题。《蟠虺》到底是用咱们所固有的“范铸法”，还是用西方人所固有的“失蜡法”制造出来的？

茫茫人海，总可以找到思想上志同道合的朋友。作为先锋者，不管是在思考时，还是在将思考结果用某种形式叙述出来时，内在的痛苦是巨大的。这时候的人真的是一个拓荒者，没有水喝，没有粮食吃，能生存下来很大程度依赖于个人意志。近百年来，中国文化被打碎得太厉害，我同意你提出来的文化与文明重建概念，甚至还觉得，这要成为我们往后几代人的理想才行。那种一日三餐吃着大米，却总在强调牛奶面包更有营养，还有开口闭口不离汉语，却将英语奉上至上的现象，绝对不是正常的文化与文明的表现。在不同的政治利益与相同的金钱利益面前的双重软骨，致使灵魂与肉体的双重坠落。这是当下知识界面临的很大的问题。

我们中国文化和中华文明的现代性重建，正如你所说的，应该是我们今后几代人的理想，也是我们的历史使命。我感兴趣的是，你对思想文化界的有关讨论是否有留意？或者并未有暇顾及，而是不自觉地以自己的写作暗合了这样的潮流？

当然，我是有所了解，正因为了解，才会以文学的样式来表达个人情怀。我总觉得关于思想文化的讨论不能像时下的大学生辩论比赛，貌似讲理其实不过是在逞口舌之快。有个流传很广的段子，在钱的问题上，美国父亲会与孩子说，自己有多少钱，但这与孩子无关，孩子的钱只能是孩子自己挣的。中国父亲会对孩子说，这些钱自己生不带来死不带去，将来都是孩子的。一些分析中很是称道美国父亲的做法，却忘了在中国文化中，上孝敬父母，下养儿育女，是天经地义的道理，一个不知道光宗耀祖，不明了自己根在哪里的人是得不到社会尊重的。文化是一条大河，最不能割断的是其渊源。我们不可以在讨论生态环境时，对在长江上修大坝深恶痛绝。在对思想文化进行讨论时，不仅不惜修筑大坝又分断源流，更恨不能凭空去挖一条人工河，自个去另起炉灶。

所以《蟠虺》有很自觉的思想文化关切。记得在20世纪80年代，文学界与思想文化界，包括学术界，在精神上是相通的。当时的知识分子，当然包括文学知识分子，经常会共同面对时代性的思想文化问题，大家一起去探索、思考，甚至互相激烈地去辩论、论战，我们的民族和我们的历史，就是在这种思考、探索和争论中不断地走向成熟，越来越进步。你认为目前这种少有的辩论有什么样的缺失？

在思想文化的激辩背后，还有最不能忽视的人格操守。很多时候，需要说出诸如“我错了”一类的话语，就像小说中的曾本之那样，一旦承认自己有错，便使自身升华起来。相反，因为说不出这话，或者不想说出这话，不得不借助思想文化之外的东西，这种人格的失败是很可怕的。

在文化方面，你以前说过“优根性”，你当年的“大别山”系列小说也是“寻根文学”中的重要作品，特别是在对楚文化的“寻根”方面。你后来更有影响的是那些专注于历史与现实的作品，很突出地表现了“寻根”的悠远与深度。《蟠虺》重新接续了你早期追寻楚文化之根的精神路径，对此你本人是怎么看待的？

无论哪种“保守”，都不适合形容我，但我喜欢坚守！福克纳为什么说自己在写“邮票大小的故乡”，而不用其他方式表述？邮票虽然很小，却是见过世面和向着世界开放的。因为了解了世界，才能懂得“坚守”为何物。那些对世界毫无所知，硬将自己裹在长袍马褂里的人才叫保守。

写作如四季，一年四季，风花雪月各样景致不断轮回，山川大地却变不了。也如穿衣，春夏秋冬来了，就得按时令穿衣戴帽，无论衣物如何变，包裹在里面的人却变不了。写作中的每个人、每篇作品，都会有所不同，这是正常的，一个人，从年轻到年迈除非他一辈子只写一部作品，否则很难做到在写作上一成不变。变是创造，创作就是要变。《蟠虺》看上去有大变化，但是骨子里的东西还在那里，那些能让我们够格称为人的东西。

《蟠虺》的主题，大家关注较多的还是对知识分子人格追问和精神批判等方面。我想你在构思时，一定也有这方面的考虑，不知你具体是怎么想的?

一个时代的知识分子人格也就是这个民族的人格，中国的知识分子人格在这些年被知识分子自身过分糟蹋了。并非知识分子就真的那么糟糕，而是将糟的方面太过夸大了。有时候我甚至异想天开，中国的知识精英是不是掉进他人设下的思想陷阱，真的以为中国文化必须依靠自我批判才有出路。一些在自己国家连混口饭吃都不容易的人，就因为敢于对中国当代文学开骂，马上成了中国各大学的座上宾。结果中国人的品格无人欣赏，中国人有不好的地方全世界马上同仇敌忾。实际上，懂得并坚持葳蕤自守的知识分子在中国比比皆是。文化与文明的重建，首先必须是知识分子人格的重建。

你这“思想陷阱”的说法非常好。但我觉得，你好像特别强调了来自异域的“陷阱”。那些来自异域的“思想陷阱”我们当然要警惕，我们这个民族，尤其是20世纪以来，很多灾难与曲折确实可以从这个方面来寻找原因。在另一方面，我们民族自身，我们知识分子自身，是否也设置了很多陷阱呢?从《蟠虺》中的人物曾本之在青铜器研究方面的经历与贡献来看，这个人物是有原型的吗?

小时候在乡下淘气，在小路上挖个小坑，搭几根树枝，蒙上一片桐子树叶，再在上面撒上土，然后躲在一旁，看谁经过时踩着这小小的陷阱。有时候等了半天也没人踩着。有没有陷阱是一回事，踩没踩着又是一回事。人家是不是真的在挖陷阱是一回事，我们有没有太把人家当回事而作茧自缚又是一回事。国内有些学术活动，硬要拉上一两个外国人参加，然后大言不惭地冠以“国际”之名，这就是自己给自己挖陷阱了。《蟠虺》中的曾本之，也曾给自己挖过一座陷阱，最终凭借人格力量自行跳将出来。作为小说人物，“曾本之”的来源有很多，在从事楚学研究的专家中，有几位极具人格力量。更多的却是通过“逆向”“反转”等方式形成的，如“烟草院士”“瘦肉精教授”等。这种正本清源的过程，在写作中显得格外有意思，时常使人产生一种“还原”的感觉，觉得做人原来要这样，只有这样做人才不失为真正的人。

另外还有其他人物呢？比如研究漆器与丝绸的马跃之、郑雄，还有青铜大盗何向东、华姐等等。“对号入座”虽然是一种非常拙劣甚至显得很无知的文学阅读方法，但很多小说出来，大家也许会从这方面想，可否再说说？

那就说说吧，也好让大家多点谈资，比如小说中，郑雄恭维新上任的省长是“21世纪的楚庄王”，就是从某“文化名人”的类似吹捧变化过来的。说实话，我有点佩服此君，能将阿谀奉承表现得如此有文化含量，同样需要这方面的天分。只差那么一点点，就赶得上那位将瞎了一只眼、瘸了一条腿的国王，画成跷着一条腿、眯着一只眼，举枪打猎模样的画家。

你认为我们这个民族的精神重建，我们文化与文明的重建，首先需要是知识分子人格的重建，何以会这么认为呢？

知识分子应当以启蒙为责任，还应当以精神承担为责任。没有健全人格的知识分子是无法实现这些担当的。

一直很遗憾没看过曾侯乙尊盘的实物，我手中的几部艺术史著作中，有曾侯乙尊盘及透空蟠虺纹饰的图片，网上也能查到，果真繁复无比。我觉得《蟠虺》的叙事很像是曾侯乙尊盘纹饰本身，似乎是一种近乎完美的不二选择，你一定都特意考虑过吧？

因为《蟠虺》，湖北省博物馆专门授予我“荣誉馆员”称号，并邀请我随同他们一道去台南市访问。台南市有家“中国科技博物馆”，双方原本商定，将曾侯乙尊盘在那里展出一个月。因为曾侯乙尊盘太珍贵了，最后国家没有批准。曾侯乙尊盘是天下唯一的。曾候乙尊盘的展览地武汉和曾侯乙尊盘的出土地随州及成都等地，都有所谓成功的复制品展销，这只是不良商家偷天换日唯利是图的又一表现。没看到曾侯乙尊盘不要紧，要紧的是不把那些连赝品都说不上的垃圾渣滓，与唯一在湖北省博物馆曾侯乙馆保护展出的孤品混淆。对《蟠虺》的叙事文本的解读，同样如此，不能真的像营销策略那样，与《达·芬奇密码》混为一团。借青铜重器来写家国尊严，只有在中国才做得到深入人心。中国之外，青铜也曾大行其道，却没有与家国兴亡产生必然关联，更无将青铜作为国之重器的大政方针。大国复兴，民众福音，依靠的必然是文化正脉的强势，必然是对学界正宗的尊崇。以正脉来运通正宗，以正宗强化正脉。以这两点来判断，小说目前的结构是唯一的，当然，小说写成，好与不好都这样了，所以，对这部小说来说目前的样式自然是最好的。

《蟠虺》是以青铜重器一般的叙事来书写家国尊严。这一叙事最基本的层面，就是贯穿作品始终的尊盘的铸造方法和它的真伪，可以将这方面的叙事看成是底盘部分，就是水盘吧？而同样是贯穿作品始终的曾本之、马跃之、郑雄、郝嘉、郝文章等知识分子之间的精神性格与复杂关系，则可以看成是酒尊部分，其他一些相对次要的人物故事，就是在尊盘间穿凿勾连的构件了，这样的说法有点像比附了，但是认真去想想，似乎都差不多的，你以为呢？

言宏兄想象力太好了，也可以写小说了，是有此种意味。小说大的结构确实可以如此看待。就像天地间自然天成的山水景观，基本样式不会太多，在此之上的美轮美奂的各种奇妙却是推陈出新从无重复。《蟠虺》中构造成尊盘上那些不计其数的天下无双的透空蟠虺纹饰的是那些独一无二的细节。没有细节的小说，就像没有喜怒哀乐、没有体温、没有心律、没有思路的人。没有透空蟠虺纹饰的尊盘，就会成为青铜世界的行尸走肉。

《蟠虺》在我读来，也有点“笨拙”，正是这种“笨拙”，才使它有了重量。不知道在创作时，有没有这种气场营造方面的考虑？

我这人好冲动，情绪起来了往往就会表现出别人所说的不晓得轻重。这时候的轻与重，要害在重，轻只是对这种重的帮衬。所以不晓得轻重的意思实际上是说了伤人的重话，也是“笨拙”的一种。因为秉性缘故，我一向喜欢“笨拙”的作品，比如20世纪80年代的《高山下的花环》、20世纪90年代的《白鹿原》和《马桥词典》。我的作品，从中篇小说《凤凰琴》《分享艰难》《大树还小》，到长篇小说《圣天门口》《天行者》，笨拙是一种常态。

《蟠虺》中的悬念竟有十好几种，比如曾本之收到的神秘来信、尊盘的真伪和铸造方法、郝嘉的死因等等，都是令人关切的悬念，悬念之密集，在我的阅读经验中非常少见，从中也可以看出你对通俗小说的有效借鉴，很想知道你这方面的思考是什么？

悬念不是通俗小说的专利，相反，好的小说总是极为成功地运用着悬念这一技巧。《红楼梦》对“玉”的描写，就是最为常见的悬念设置。当代小说之所以正在失去读者，很重要的问题是一本书拿在手里，很难让读者尽保持住阅读的兴趣。《蟠虺》出版后，曾被媒体说成是中国的《达·芬奇密码》，曾有记者在采访时吃惊地尖叫，说“你怎么可以不看《达·芬奇密码》？”后来有电视台播放电影《达·芬奇密码》，我端着碗，老老实实地坐在沙发上将其看了一遍。我不知道电影与小说原作差距有多大，就电影来看，肯定是好莱坞商业的成功典范，但这种样子的小说肯定成不了文学经典。小说的通俗与否是其品质而非叙事技巧。悬念是小说叙事的常识，对那些披着学术外衣质疑常识的现代艺术观，我保留质疑的权利。

设问人：何言宏　评论家，上海交通大学文学院教授

刘庆邦

刘庆邦，1951年生，河南沈丘人，中国煤矿作家协会主席，北京作家协会副主席。主要作品有长篇小说《断层》《远方诗意》《平原上的歌谣》《黑白男女》等，中短篇小说集、散文集《走窑汉》《梅妞放羊》《遍地白花》《响器》等二十余种。曾获鲁迅文学奖、老舍文学奖、北京市德艺双馨奖等。根据其小说《神木》改编的电影《盲井》获第53届柏林电影艺术节银熊奖。

想着他们的向死而生

刘庆邦总能直面矿难这一残酷现实，他塑造的郑宝兰、卫君梅等女性形象，一方面肩负着养家糊口的重任，另一方面也面临着人生道路的多重选择，爱情与责任，坚持与妥协，让人看到了一个群体的无奈与执着。看似家长里短的琐碎背后，诉说的都是生活的日常与生命的真实，而这正是文学的可贵之处。他认为，世界会越来越发达，越来越机械化、信息化，但人类精神也可能会越来越痛苦，最后成为机器的奴隶。

刘老师好，现在是早上5点半，我知道你有早起写作的习惯。在这个下着小雨的清晨，我们要开始一个并不轻松的话题，矿难。去年你推出了最新长篇小说《黑白男女》，以三个死难矿工家庭为主线，叙写底层百姓的悲喜人生，关注死者身后孤儿寡母面临的生活和情感的艰难重建。李敬泽先生称你这部书是“心安之作”。这样一部在你心中搁了十几年的作品，背后有着怎样的积累？

我写过大量煤矿工人的小说，长篇有三部，《断层》《红煤》和《黑白男女》。这三部长篇，也可以说是煤矿题材三部曲。《黑白男女》是我对煤矿生活不断思索、不断积累，从而写出的一部长篇。写出来后，煤矿题材的小说至少是告一个段落了。写这三部长篇的过程，是我不断学习、不断积累、不断提高的过程。《断层》是1986年写的，改革开放刚刚开始，从改革的角度写矿上生活比较多。到了《红煤》，开始写人，写人的感情，盯着人来写，尤其关注农民进城打工的心理。到了《黑白男女》，积累更丰富，情感更饱满，人物更多，人性更复杂，我诚心要把它写成带有总结性的煤矿生活小说，或者对自己来说是集大成的煤矿生活小说。《黑白男女》表现的是矿难后矿工家属的生活，我没有直接写灾难，没有直接写井下。咱们都知道，中国用煤很多，特别是改革开放以来，对煤炭有大量需求，煤矿从业人员很多，号称700万矿工，年产几十亿吨煤。但是因为安全技术薄弱，每年都会发生安全事故。大事故如瓦斯爆炸，有几年连续发生，死亡上百人。瓦斯爆炸造成大面积死亡之后，矿工家属怎样向死而生，怎样建立新的平衡，这是我一直关注的问题。

在文学史上，有很多著名的作家是记者出身。比如加西亚·马尔克斯、马克·吐温、狄更斯等等。你曾在《中国煤炭报》工作多年，也曾是记者、编辑，这份职业是否也成就了你关注矿难的独特视角？

这份工作让我采访了不少矿难死亡者家属。印象最深的有1996年5月平顶山发生的瓦斯爆炸，炸死80多人。第二天我就采访去了，直接采访矿工家属，听他们的哭诉；跟着处理事故的人，听他们谈善后怎么处理，掌握了大量细节。后来写了纪实文学作品《生命悲悯》，将近两万字，发在1997年的《中国煤矿文艺》杂志上。这篇纪实文学在全国煤矿界引起很大反响。一个管安全生产的副部长专门给我写信，主要有两个意思：第一个，感谢我这么深入地写出感人至深的作品，特别从生命价值的角度写矿难；第二个，要求全国煤矿管安全生产的干部都读读这个作品，对矿工的生活负起责任。当时全国各地有五十多家矿工报，都转载了这篇文章。广播站广播时，有的播音员都播不下去，矿工听着失声痛哭。《生命悲悯》产生了全国性影响。以致后来我到煤矿上去，矿工站成一大片，要敬我酒。我自己也很感动。如果你真是贴心贴肺为矿工着想，踏踏实实想他们所想，确实会引起他们共鸣。从这个意义上说，文学的确有为人民服务的作用，煤矿题材的文学就是为工人服务。直到现在，《生命悲悯》还在发挥作用，被当成安全生产的教材使用。今年到河南焦作，我听说新工人进矿后，先是技术技能的培训，再有安全生产的教育培训，还人手发一份《生命悲悯》让他们去读。精神教育和心灵教育，使他们真正对自己的生命重视起来，树立安全生产的意识。

在你写《生命悲悯》时，面对矿难，有没有具体事件让你注意到人性的变化?

《生命悲悯》是去平顶山写的作品。2000年时，徐州发生了一次透水事故，事故第二天我就赶到了，在大雪中和矿工一起等救援。最终救出了20多人，死了十几个。那一次对我震撼很大，连夜写了三个整版的报道。写完后，觉得有些细节还没写，有些情感还没表达。比如采访中，有一个年轻人父亲在井下还没有救出来，他就问我："这次我爸爸要是不能出来了，我能不能顶替我爸爸参加工作？"我一听就知道怎么回事。那时候正赶上下岗，这个年轻人技校毕业，还没工作。我说："希望你父亲能救出来。"他要参加工作，以父亲不能出来为代价，我觉得他的想法挺悲哀的。后来我就写了短篇小说《雪花那个飘》，发在《上海文艺》，这是新闻报道之后写的文学作品。

多次矿难报道，是否也让你的使命感越来越强?

我多次采访矿难，一直想写一部长篇。有了这个想法后就做了一些积累，对全国的安全事故非常留心，一看哪儿出事故，就看报道，去做进一步采访。2004年至2005年之间，中国煤矿先后发生三起重大事故。先是2004年10月郑煤集团大平煤矿瓦斯爆炸，死了148人。接着是11月份陕西的陈家山煤矿发生矿难，死了166人。转过年2月，辽宁阜新孙家湾矿难，死亡200多人。不到四个月时间，500多工人死于矿难，而且都是青壮年，上有老下有小，多悲哀啊！面对这样的事情，我有一种责任感、使命感，要尽快把小说写出来。我选择了去阜新孙家湾矿区深入生活采访。去了以后，那里也有朋友，对我招待很好，领我看这看那，但就不让到矿上去。说时间过去，别再提了，不让再揭伤疤，把这当成了负面的东西。这个事情让我体会到深入生活也不是那么容易，不是你想深入人家就让你去的。

我决定往近处走不往远处走，往地下走不往表面走，往熟悉的地方走不往陌生的地方走。去之前，还对自己约法几章：少应酬，少喝酒，少打手机；多走，多看，多听，多记，多思索。真正做到扎扎实实深入生活。刚去的几天，水土不服拉肚子，拉到眼冒金星，夜里直出虚汗，但我还是坚持，一边吃药，一边走访。中秋节那天，我自己买了月饼、水果，去矿工家里访问。和亡故工人的妻子、女儿谈了一上午，还到工人墓前默哀。此时正好《人民日报》约我写短篇，我就写了一篇《清汤面》，选取采访中的一点。《清汤面》发表后引起很大反响。《红旗》杂志的《红旗文摘》《中国煤炭报》都转了这个小说。

文学作品是影视创作的重要来源。你的小说《神木》《卧底》也被拍成了电影，有成功的，也有不太令人满意的地方。你如何看待文学与影视的关系？

很多好的影视作品是从文学作品改编的，但是，有的小说适合改编，有的不太适合。《神木》改编成《盲井》，改得比较成功，忠实于原著，忠实于作家的想法与故事情节。《卧底》不成功，把作者原意弄拧了。但改编有时候也不是导演能左右的。我自己写小说，不大改影视，会把改编权交给别人。我认为，影视是集体创作，参与进来就要妥协，很多要听人家的。写小说完全自己做主，按自己的思路来写。我曾经写过一个电影文本，黄健中让我改《走窑汉》，准备参加国际电影比赛，我给改了，在春节期间，我自己还比较满意，但没有拍成。从那以后我就没再做过改编。听说改编起来很不容易。影视和小说思维方式也很不一样。写小说是一个深入的、心灵化的过程，影视表现心灵很难。所以还是踏踏实实写自己的小说。

在去煤矿工作之前，你的生活是怎样的？

我自己的经历比较丰富，中国大的事件差不多都参与过了。一个人的创作和经历关系密切，因为三年困难时期，我写了《平原上的歌谣》，被认为是中国第一部写三年困难时期的长篇。一个作家，我认为他的写作是回忆的状态，要有可回忆的东西。

这些经历有记录吗？

全靠记忆。现在写日记，以前没有。那些记忆深深地存在你的脑子里。不写作时，记忆可能是沉睡的状态，唤不起来；但是一旦想写一部长篇，你找一个方向，一个线索，记忆会被唤醒。一旦进入写作状态，那些细节会纷至沓来，有时候让你觉得惊喜。如果不写作，这些可能都浪费掉了。人写作，其实都是写人与人之间的关系。我从小在农村长大，人际关系很丰富。村里几百口人，互有宗亲关系，都认识，知道他们的来龙去脉。我们兄弟姊妹六个，这也是重要的人际关系。这种创作资源只在我们那时候有。现在的孩子亲情关系很少。

我在很小的时候，经历了亲人的生死离别，感情上受到很强的冲击。我父亲1960年去世，那时我刚9岁，正是需要父爱的时候。我披麻戴孝，为父亲摔盆，印象很深。两年后爷爷去世。从小爷爷把我带大的，带着我求人念书、听戏。紧接着，小弟弟也去世了。小弟弟生在困难时期，营养严重不良，得了佝偻病，好几岁不会走路。死了后我非常伤心，哭得昏了过去。从父辈到爷爷辈到同胞弟弟，相继去世，从小就经历生死离别，给我留下很深的印象。那是一个少年情感比较脆弱的时候，但经历了非常残酷的打击，一生都难以忘怀。我的感情很脆弱，意志很坚强。这些都是生活中一些跟别人不一样的经历，首先是生活造就了我。

父亲去世后，家里肯定很艰难，母亲对你产生了怎样的影响？

写作要找一个老师。除了生活，母亲是我的第一个老师。这样说并不在于她教我写作，而是在做人上，她是一个伟大的女性。她把我们养大，吃了很多苦，但她的意志非常坚强，她要我们到什么时候都要争气、要强。我母亲当过县里的劳动模范。我为此写过一篇文章，《母亲的奖章》。母亲身材并不高，但长得特别精神。父亲去世后，大姐、二姐都不能上学，母亲跟男劳力一起劳动。特别是春天，天那么冷，河那么凉，下河捞水草，男的都不愿干，母亲天天下河捞水草，非常艰辛。我跟母亲学会了怎么做人，怎样勤劳，怎样保持坚强的意志，在任何情况下不垮下来。

生活之外，阅读在你生活中占有怎样的位置？或者说，你小时候在农村能不能看到书？过去河南乡间非常流行的戏曲、曲艺是否也影响了你的成长？

一个人的心灵成长史和阅读密切联系，也可以说精神史就是个人的阅读史。阅读从什么时候开始？我从小是被动的阅读。一般农民家没有书，但爷爷有书。他听说谁有书就跟人家借来，借了就不还了，把书藏到了我们家的三屉桌里。很多书名我已经记不起。爷爷临死时母亲问他："你有啥要求啊？"他说，把书放在棺材里当枕头用。到另一个世界，还要让书来陪伴他。我母亲就答应他了。那些藏书大部分都放爷爷棺材当枕头用了。后来，读了中学以后，开始有书看。在中学有图书馆，可以看到长篇小说。我看的第一部长篇是《青春之歌》，很痴迷。看了林道静，形象那么美，只身一人跑北戴河去，一个少女那么有勇气，对自己也是一个激励。

当时读书还没想到写东西。初中毕业后，不能继续念书，只能回家当农民去了。那时候在家，除了自己看书，还给家里念书。印象最深的是我给家人念《迎春花》。在煤油灯下，晚上睡觉前，大姐二姐母亲都在，我都躺床上了，正在看《迎春花》，母亲就让我念念。一个长篇，差不多念完了，念到感人的地方，全家人都感动。

在农村觉得很苦闷，初中毕业后没有出路，自己心也有点野，"文革"期间大串联，自己跑了很多地方。先是跑到北京，回到家又带了行李，走武汉，下长沙、韶山，到江西，又跑到杭州、上海、南京，把中国最大的城市都看了。15岁的一个少年，出于对鲁迅的崇拜和敬仰，到杭州后，一天步行120里地到绍兴鲁迅故居去看百草园和三味书屋。那时候内心文学的种子已经在萌动了。知道了外面还有如此大的世界，在家里就待不住，苦闷，一直想重新走出去。觉得只要能离开老家，只要能不当农民，干什么都行。但是出不来。那时候农村孩子唯一的出路是当兵。体检过两次，政审就被刷下去了。我父亲当过国民党冯玉祥部队的下级军官，是“历史反革命”。抗战胜利70周年，我写了一篇谈父亲的文章，他参加过台儿庄大战。走不出去，我觉得很绝望。有一段时间很忧郁，饭也不想吃。母亲很可怜我，替我忧虑，早上给我煮一个鸡蛋，大姐二姐都让着我，弟弟妹妹也不让吃，因为我是家里的长子。当时我心安理得地接受了。后来我写过一篇文章，《凭什么我可以吃一个鸡蛋》，忏悔这件事情。其实母亲是为了安慰我。

你后来怎么去了煤矿？是如何走上写作之路的？

当时村子里安有小喇叭，播的都是一些批判稿。我听了几次后就萌生了一个念头，为啥都是别的公社、大队的稿子，我们公社怎么没有一个人写？我能不能也写一篇批判稿？我就在煤油灯下写了一篇。投稿后没想到几天后就广播了。母亲听了也很高兴。我成了公社第一个写广播稿的人。因为这个，我参加了公社宣传队，后来陆续写了几篇稿子。那时候没稿费，但会写信通知。我收藏了好几封广播稿采用通知。

命运发生转折是1970年。新密矿务局到我们村上招工，我因为在宣传队，最早得到这个消息。招工的说：“去了是挖煤，可苦了。”我说：“挖煤我也愿意去，只要有走出去的机会。”不过到了矿上还是参加矿上的宣传队，写广播稿。开始写作是1972年宣传队解散后，我在矿上谈了女朋友，不甘心，觉得除了干体力劳动还应该干点别的，就选择了写小说。第一篇是写老矿工如何节约的。写完没地方发表，给女朋友看看，得到赞赏就放下了。现在一共写了三百多篇短篇。我回忆了一下，我三百多篇短篇，没有一篇废稿。很多作家成麻袋装退稿，我幸运的是，短篇没有一篇废稿。

最让我感到幸运的是，从我很年轻时（1972年我21岁），就选择了写作的道路，而且几十年来，从来没有自我怀疑，从来没有放弃。有人说

“看不出你有什么文学才华”，但是我自己没有疑问，我坚信自己。后来当编辑，担任副刊部主任期间，有些领导说我不务正业，我说副刊主任可以不当，但不让写作不可能。那时白天编稿，忙一天，晚上早早睡，第二天一早起来写作，一个短篇要写一个月，一年能发三五个短篇。我的写作，有人质疑，但我从不放弃。我认定我适合写作，内心深处喜欢写作。

你和年轻的写作者接触多吗？对他们的创作有何建议？

跟青年作家有不少接触，每年鲁迅文学院办班我都去讲课，和中学生也有过一些交流。他们提了很多问题，比如对网络文学的看法。我说网络文学我看得很少，有时间还得写作。有时不得不看一些，比如给网络文学大赛当过评委。我看了以后觉得很失望，大部分品质很差，大部分是垃圾，真正的精品很少。原因就是文学的商业化、娱乐化、碎片化、表面化造成的。网络写手写作的目的就是让上班族看了一乐，根本不打算留下来，能赚到点击率就行了。从网络写手的这种态度就知道写作的品质是不靠谱的。现在很大的问题是，受众读网络文学，口味被败坏了，好作品看不出来。长期以来粉丝文化拉低了国民的阅读趣味。这是很大的问题。还是要多读经典，这样审美趣味才能提高。继承传统文化，不是继承传统的写作方式，不是继承原有的情节，而是继承更高级的审美趣味。低级趣味是迎合的。受众很愿意接受低级趣味的东西，因为接受起来方便，不用动脑子，更重要的是，低级趣味中有很多动物性的东西，使人越来越懒。高级审美趣味需要调动智慧。

网络与自媒体使创作的生产力大大解放，但也造成了泥沙俱下，糟粕泛滥。网络中没有挑选，没有把关，大量信息是无用的。人变得更封闭，人与人之间的交流没有了，嘈杂声音很多。人不倾听内心的声音，造成了自我迷失。

中国社会正在发生巨大的变化，这个过程中也出现了许多问题，比如对环境的破坏、对道德底线的突破等等。面对这些发展中的问题，年轻人该如何看待？

社会总是在不断变化。但是从文学角度讲，人走到哪一步都是一个困境。人类来到世界不是享福的，是受罪的。更多时候人不是幸福的，不是快乐的，是痛苦的。每个人都应该意识到这一点。老的困境解决了，新的困境又会出现。比如过去我们没吃的没喝的没穿的，整天忍饥受饿。但现在吃的多了，很多疾病随之而来。过去我们烧煤、烧柴都很困难，现在煤炭又产能过剩，大量烧煤产生空气的污染。又比如交通问题，机动车泛滥。比如最近北京老年代步车泛滥。世界会越来越发达，越来越机械化、信息化，但人类精神也可能会越来越痛苦，最后成为机器的奴隶。我认为人类的精神问题永远得不到解决。物质发达解决不了人的精神痛苦。林黛玉、贾宝玉物质很丰富了，但他们的痛苦比刘姥姥要多。

设问人：金涛 《中国艺术报》记者

刘慈欣

刘慈欣，1963年生，山西阳泉人，山西省作家协会副主席，中国科幻小说代表作家之一。主要作品有长篇小说《超新星纪元》《球状闪电》《三体》三部曲、中短篇小说《流浪地球》《乡村教师》《朝闻道》《全频带阻塞干扰》等。其中《三体》三部曲被普遍认为是中国科幻文学的里程碑之作，将中国科幻文学推上了世界的高度，曾获由世界科幻协会颁发的雨果奖最佳长篇故事奖。

对科学创造的未来绝不悲观

科幻与现实的边界在哪里？在主持人张绍刚的主持下，《三体》三部曲的作者刘慈欣与《火星》三部曲作者金·斯坦利·罗宾逊，由此展开了一场中美科幻大师的顶尖对谈。刘慈欣认为如果未来要移民火星，地球上或许会发生类似文艺复兴或者启蒙运动之类的社会变化，而外星到来的他者对地球文明产生的影响是否会像美国独立战争一样？还是会像蜜蜂看待人类一样，对彼此文明一无所知？这些未知和对现实生活的启示，是一直激励着他思考写作的动力。

今天请到了两位重量级的嘉宾，和我们一起讨论关于现实和科幻的边界问题。一位嘉宾是刘慈欣，他的《三体》在前年得到了科幻界最高的奖项雨果奖。第二位嘉宾是金·斯坦利·罗宾逊先生，如今华章同人引进出版了他的《火星》三部曲，这是在科幻界影响非常大的套系小说。他曾在美国版里隆重地推荐了《三体》，而《火星》三部曲中文版也是由刘慈欣先生推荐的。在《火星》三部曲里我们最盼望的是宫斗系列，然而实则全是科学。所以刘老师，是不是你们写硬科幻的人都能在这个过程中获得巨大快感？

快感肯定是有的，但你说的这个现象它正好表明科幻文学与我们比较传统的主流的现实主义文学的一个区别。现实主义文学肯定是集中于描写人和人之间的关系，人和社会之间的关系，你刚才说的宫斗，显然是人和人之间的关系。但是科幻文学在描写这两种关系的同时，它更多地把注意力集中到人和大自然，人和宇宙之间的关系。我认为这是科幻文学对于文学的一个超越。而科幻小说，特别是罗宾逊先生的《火星三部曲》，小说的主人公，除了人类之外，火星本身也是主人公。所以还是一个很科幻的侧重点。

由此再说说《三体》，我是这么理解的，《三体》一共有三本。第一本，我认为它的主题应该叫谍战，第二本的主题叫宫斗，第三本的主题是科幻，这已经超出了我的理解能力了。所以我一直到现在也没有看完过第三本。

我们既然说到幻想和现实的边界问题，去火星旅游和移民火星是完全不同的概念，二位觉得这个事儿靠谱吗?

对火星进行科学探测和移民火星是完全不同的两回事，它在规模上完全不同。另外，双程还是单程？单程去火星真的有人提出过。

你说的单程是去了不回来了?

这个想法在美国宇航局上层也严肃地讨论过，当然这牵扯到很多法律问题。单程去是最简单的，花费最少的。我们都很难预测未来，但有一点我可以肯定，对火星探测来说，可能不会用太长的时间，相对来说它的规模要小一些。而移民火星，假如发生，我想地球上可能会发生一件比移民火星更翻天覆地的事件，这个事件可能类似于启蒙运动。

为什么这么说呢？按照我们现有的文化、社会观念、经济观念，我们是不可能做出移民火星这样一个举动的。这关系到人类千秋万代的事业和现有的地球文化。如果整个人类文明的根基要完全改变，也就相当于像文艺复兴或启蒙运动那样天翻地覆的变化了。

在《三体》里面，某种外星的智慧，一直处在主导的作用上，人其实是处于被动的状态，人类面对这种智慧在被动地应对。而我们再看《火星》三部曲就会感觉不一样，罗宾逊在这套书里充分表达了人的主动性。是否可以得出结论，刘老师你属于比较悲观的科幻作家，而罗宾逊先生属于比较乐观的科幻作家？

我觉得不是这样，这两者的差别可能和题材的不同有关系。《三体》里面人类所面对的是强大的外星智慧文明，是从来没有遇到过的第三者，它的力量远高于我们，当然就是被动的了。罗宾逊先生小说里面的目标，是一个没有生命的星球，我们去改造它、开拓它，我们当然就是主动的了。说起来我绝不是一个悲观的科幻小说的作者，恰恰相反，我是一个很乐观的人，对科学所创造的未来，充满乐观。

我认为要达到我所认为的人类美好的未来，我们可能要经过相当长时间的努力，还得在这中间的某些关键阶段，做出至关重要的选择，这个选择如果做错了，可能未来就是悲观的。同时在这个过程中，也要付出巨大的代价，但是我相信科学和文明是有可能创造一个美好未来的。

《三体》和《火星》三部曲不一样，《三体》上来之后就剑拔弩张，是一个高度戏剧化的开场。当时你是怎么在山西阳泉的一个僻静的发电厂角落里，想到了这样一个伟大的故事的？

这个很简单，描写外星文明，描写来自宇宙的力量，这是科幻小说一个永恒的主题。但是写这本书，我是被一些想法激励着的，一些在别的描写外星文明题材的小说中没有的想法。这种想法是说，我们人类历史从我们文明的开端一直到现在遇到过各种各样的事情，但我们从来没有遇到过一个他者，这个他者的意思是他的智力和我们相当甚至比我们高很多，他有自我意识，我们从来没有遇到过这样的存在，这意味着什么呢？意味着如果把我们人类比作一个人的话，那么我们这一个人自始至终都是在地球时间的荒原上游荡，按文明史来说，我们这个人游荡了一万年之后突然发现前方还有一个人，这个时候对这个人的精神，对他的方方面面，对他将来的命运会产生什么影响？这个影响，我想远比我们想象的要大，比我们所有科幻小说中描写的也要大。

所以说我在书里面就提出了一个零接触的概念，我们仅仅是知道外星文明的存在，而不是和它去接触。仅仅这么一件事，可能就会对我们的政治、文化等方方面面产生巨大的影响，外星文明这个他者，它有可能是真实的。从这个角度上描写外星文明，这也是我写这本书最初的一个感觉，一个想法。

你在生活里是不会这么跟别人聊天的，对吧？在生活里聊着聊着，饭局上突然开始描述他者，其实挺吓人的。

是。

我们吃饭，吃着吃着，你突然高兴了，问我一个问题，“想没想过，在我们前面有一个他者”，只有两种可能，一种就是你确实喝多了，另外一种就是我要掂量我的这个朋友，究竟最近他的生活遇到了哪些不如意，要思考到如此终极的问题。

不，我想探索这种比较终极的问题，我们从哪儿来到哪儿去。

我们一般不探索这样的问题。

而科幻是探索的，传统的科幻迷着迷的就是这些问题。

最早的那些迷幻，包括像凡尔纳，挺偏硬科幻的，在当时的条件下，都在设想机械、技术。而到了克拉克和阿西莫夫的黄金时代，大家开始有了外星人的概念。更大胆的想象，终于到了21世纪，我发现科幻越写越悬了，悬的意思是大家一下进入了哲学层面的探讨，这是一个自然演进吗？

我让你对他者感兴趣是很容易的，不但对他感兴趣，还整天都想着这个问题，比如把你放到沙漠中间，就你一个人待着，待上五个月。

我不会听从这样的安排。

假如你听从这个安排，他者就不是哲学问题了，是一个现实问题。你对他者很感兴趣，因为没有他者，你看不着，这个科幻小说也一样，科幻小说其实倾向于把整个人类作为一个整体来描述。现在这个人类就处于你不愿意处于的这么一个位置，它在一个宇宙的荒漠中孤独地待着，这种情况下，他者对于他来说并非完全是一个哲学问题，他者的问题其实是我们人类社会所面对的最大的不确定性之一。为什么这么说呢？他者可能一万年也不出现，也可能明天早晨就出现了，假如明天早晨出现的话，我们无论在思想上、经济上还是在理论上都完全没有准备。

比如说，现在外星人来了，我们看到一个飞碟。我找谁去？我跟谁汇报这个东西？谁管这事儿？这都是问题。所以说科幻小说中描写很多看似很终极的哲学问题，其实是很现实的问题，包括外星人问题，他所描写的是未来乌托邦的问题，像罗宾逊先生书中的乌托邦的问题，有很多现实中的影子。而在我们飞速变化的时代中，我们的变化是非线性的变化，变化很快，随时都有可能产生一个或某个技术突破，来完全改变我们人类社会的形态。在那个时候，它就有可能面对我们现在所谓的终极问题，所谓终极的哲学问题，那时候可能就是火烧眉毛到眼前的事儿了，这也是科幻小说的一个价值。

你个人还是喜欢硬科幻，对不对？

我本身从事科幻创作的原因比较单纯，就是一个科幻迷看得多了就去写，我并不是从文学的那条路走到科幻这儿来的，而是被对科幻、对科学、对大自然的喜好引来的。所以总的来说，我写的是这样的科幻，但是话又说回来，科幻文学的发展已经经过了相当长的时间，现在的科幻文学，它的风格和当初黄金时代的风格是有所变化的，现在无论像我还是像罗宾逊先生这样的作者，我们写的这种作品，在现在也都属于比较边缘化的，不属于主流的。

未来无论我们开发的是火星，还是对于某种文明的接触，还是对今天不可知的他者的探索，无论是哪一种，都是我们在面对着不可知，而那种不可知很大程度上会改变我们。当我们真正面对某个星球、某种文明的时候，最大的挑战究竟来源于不可知，还是那些不可知对人性本身重新构成的挑战？

首先，我们可能大大低估了，对外星文明的不可知，面对真正穿越千万光年到达我们世界有超级智慧的外星文明，我们遇到第一个问题可能是难以想象的。真的能认出那是文明吗？这是一个大问题。比如说，一群蜜蜂真的认为我们是文明吗？这些人蜂蜜找不到，花在哪儿找不到，他们造蜂巢造得太糟糕了，一点都不标准。蜜蜂没有办法认出我们是超级智慧。同样的，真正的外星超级智慧到达我们世界的时候，他的行为方式，他的思维方式我们是完全没有办法理解的。

你觉得现在我们在说话的时候，他们有可能就在我们身边，我们没有认出他们来吗？

完全有可能，即便我们面对面感受到了他们强大的力量，这种力量来自于一个文明还是来自于一种自然现象，到时候可能很难区分的。我们要理解他们可能比我们想象的要难得多，而双方如果想要平等地交流，除非对方放下身段，就跟我们放下身段跟蜜蜂交流一样，这是我们面对的严峻现实。

究竟我们面对的未来最大的挑战是来源于人自己，还是未知？

两者都有吧，外星文明的出现对我们的人性也好，社会形态也好，可能产生截然相反的两种可能性。作为科幻小说作者，我只能把这些可能性排列出来，我并不知道哪个会发生。有一种可能，当时里根总统在联合国大会上叙述东西方冷战的时候，他有一个很理想的想法，假如外星人突然出现在我们中间，人类会团结在一起，把我们之间的分歧终端抛在一边。这是国家元首的态度，据我所知在联合国大会上这是唯一一次谈到外星人的事情。

他不是想谈外星人，他是举例说明。

这是一个理想的状态，这也是一种可能，一旦外星文明真的出现，对我们造成威胁了，人类文明更可能有作为总体种族的意识。还有另外一种可能，外星文明的出现加剧了人类的分裂。按现在情况来说，全人类很难对某一个重大问题产生一致意见，外星文明也一样，外星文明真正出现的话，人类会因为面对外星文明的各种问题而陷入到巨大的分歧之中。比如，我们跟他们合作还是与他们对抗？

我举一个更生动的例子，假如外星文明来到地球了，他说平等地交流是不可能的，他给人类提出两种选择，让我们当他们的附属物，或者被残酷地杀害。我们答应还是不答应？人类肯定产生巨大的分歧，会有一部分人答应，一部分人坚持抗争，还有一部分人可能选择某种更奇怪的途径。这种分歧是致命的，是巨大的，首先像你说的，在人类文明的内部产生你死我活的战争，这也是一种可能。

我觉得最大的一个挑战还是人和人之间的关系。环境会限制我们生存的条件，火星仅仅只是我们地球的一面镜子而已，其实地球对我们的限制也是非常多的。我们在地球上，也有各种各样的问题，而且我们作为一个全球的文明在解决这个问题的时候，也没有一致的方法。

当然了，我们虽然会合作，而且我们也擅长合作，我们自己在未来会制造出一些问题，自然需要更多的合作，更需要我们能够在问题早期就把它解决，其实火星只是我们的一个思想的实验。

我补充一点，你一开始问我的问题很难回答，因为没有先例，我们没有可参照的。最主要的例子是美洲大陆的移民，移民到蛮荒的地方，到比他的文明程度低很多的荒野上，美国发展到今天就提供了一个很好的例子。当然在美国的发展历程中，肯定有很多的挫折，独立战争、南北战争、种族歧视等等这些问题。

但总的来说，它表明人类之所以可以成功移植到新的大陆上，还是为了建立一个新的文明，提供自己一个伟大的机会。我们都看到，美国文明的出现，它是移民的一个最终结果。将来如果出现火星移民的话，我相信同样会面临着各种各样的挫折，比如像美国独立战争，会不会也发生在火星上？所以说这是一个很有意思的问题，人类历史上曾经发生过的一切，会不会在太空中重演一遍，或者会不会在整个银河系中重演一遍？

所以大家知道，科幻作家和科学家最大的区别是，科学家在回答每个问题的时候脑子里都是方程式，但是科幻作家毕竟是文学创作，所以想象的空间，对于未来构建的能力，可能是让对话变得更加有趣的一个地方。我们回到创作本身，设想人类是该宇宙第一个高级文明，这种设想是兴奋的还是悲伤的？

这个确实是个很科幻的问题，首先从科幻的角度来讲，如果宇宙中间到处都拥挤着外星人，熙熙攘攘，那个并不科幻，如果证明整个宇宙中只有地球上有生命，这是极为震撼的结果，也是最科幻的一个结果。

为什么只有这样的结果才是最科幻的结果？

因为这样的结果很不可思议，况且这样一个结果在文学上所产生的意境，前不见古人后不见来者，用寂寞还很难表达，它是寂寞的平方，一种极空旷的中间有一点智慧，这种感觉十分科幻。从科学的角度来讲，最近西方研究宇宙生命、宇宙智慧提出了广为流传的学说，叫“大筛选”。

什么意思？

很难详细介绍，简单的想法就是宇宙中有很多道无形的筛子，一个低级的智慧文明只有通过所有的筛子才能变成高级的，不断发展到能够生存的文明，这个筛子有各种形态，比如说，细胞从单细胞到多细胞的分裂，能不能做到这一步？这是一道筛子。从更高层次来讲，能不能在冷战时期通过核战争的威胁？这也是一道筛子，必须通过所有的筛子才能生存下去。所以说从这个角度上来讲，我们推论出很有意思的结果：如果我们现在找不到外星文明说明这是一件天大的幸运的事情；如果发现宇宙中到处都是外星文明，说明大家都是在筛子下边；如果我们周围看不到宇宙文明，说明我们已经通过了大部分的筛子，甚至可能最后一道已经过去了。所以说现在人们对太阳系的探索，从这个学说上来说，是一个很让人心跳的过程。如果我们在火星上根本发现不了生命，一片蛮荒，不要失望，这对我们是相当幸运的一件事。如果我们在火星上和海洋中，哪怕发现了一点小小的细菌，那对于人类都将是很黑暗、很灾难的消息，说明我们还在筛子下面，我们还有很多道的筛子在上面，我们上面的筛子是什么样的，我们现在很难预测。我现在只想说的是我们可能正在一道筛子下面，能不能过得去，这个筛子是什么，就是各位拿的手机。我们现在正在被电子技术变成一种越来越“宅”的、越来越内向的文明，我们越来越沉浸于电子技术所营造的安乐窝里面，不思进取，也不想去月球了，不想去火星了，去那儿干吗？将来VR（虚拟现实技术）一弄成的话，比在火星上精彩多了，也舒服，不花钱，都挺好的，这可能就是一道筛子。

最后，刘老师可以谈一下科幻小说对现实生活的启示吗？换句话说，今天我们为什么需要科幻小说？

首先，科幻小说是一种文学题材、文学形式，是一种大众文学，它的出现首先有很强的娱乐功能、消遣功能等等，科幻小说还是一个好的故事，让人们从这个故事中得到震撼，得到感悟。在这个过程当中，一个好的故事肯定对人有各种各样的启示。其次，具体到科幻小说。对于现实的启示，我认为它主要是把数量巨大的各种可能性，未来的可能性，太空中的可能性，密密麻麻地排列出来，让大家去欣赏这些可能性。在这种欣赏的过程中，我们就开拓了自己的思想，激发了自己的想象力，同时也对未来的很多事情做好了一定的思想准备。我认为这个也是科幻小说对生活最大的启示。

设问人：张绍刚 电视节目主持人
金·斯坦利·罗宾逊 科幻作家

李敬泽

李敬泽，1964年生，山西芮城人，中国作家协会副主席、书记处书记。著有《青鸟故事集》《咏而归》《为文学申辩》《反游记》《小春秋》《平心》《致理想读者》《会议室与山丘》《会饮记》等各种理论批评文集、散文随笔集等十余种。曾获鲁迅文学奖、冯牧文学奖优秀青年批评家奖、华语文学传媒大奖年度文学评论家奖和华语文学传媒大奖年度散文家奖等众多奖项。

我是一只鸟最恨失控又爱飞

艺术家李敬泽，这是其他作家在万般惊叹之下给他下的一个定义，理由是他以批评家之威名闻世，但把他的任何一篇批评文字拿出来，都是存乎洞见的独特美文，通篇洋溢着贯通诸种文体的“非法”的才华。李敬泽认为，自己是一只鸟，最恨失控，又最爱游泳和飞，他明白自己在跑野马，很爽，像冲浪和滑翔，但是也清楚地知道，他总会把它兜回来的。他的创作是没有边界的，这源于他经历过文学观念的巨大变革，始终保持着开放性的视野，在多种多样的可能性中去估量它的价值。

你曾经表示，你很难认定一个地方为自己的故乡。我百度了一下，发现你生于天津，祖籍山西芮城，上大学之前一直在河北，我想知道的是，你去芮城寻过根吗？北京和芮城这两个地方，你认同哪一个是你心灵意义上的故乡？这两个地方谁才是世界的坐标，都对你产生过什么影响？

芮城我去过。那是20世纪90年代，我已经三十多岁了。去了祖父的坟，在山坡上，俯瞰三门峡水库。磕了头转过身来，家里人指着一片大水说：“咱家就在下边。当年修三门峡水库，老村子都淹了。”

芮城于我也就是个籍贯。我生活的地方是天津、保定、石家庄、北京，当然，我十六岁来北京，到现在这么多年了，它是我的城市。不过，我不太明白为什么最近大家都在谈论“故乡”？我想我要说北京是我的故乡，哪怕是心灵意义上的，也未免有点矫情。我在另外一个场合谈过，通过计划体制，再通过市场，生产出越来越多没有明确地方认同的人，我就是其中一个。一定要让我强烈地感觉到我是个异乡人，那只有去外国，在那里，我会意识到，我是个去国离乡的人。

你进一步表示，我们不能老实到真的以为你在文学上一定要有那么一亩三分地，然后才能种庄稼。这句话，我是不是可以这样理解：沈从文没有凤凰，鲁迅没有鲁镇，莫言没有高密，贾平凹没有商州，作家没有这么一个文学地理，照样可以写出伟大的作品？你觉得，没有一个固定的故乡概念，对于你的思维方式和文学观念的形成有着怎样的影响？

我还可以举一连串的反例，证明你所说的伟大作品不一定非得有一个客观的地理对应。你说的那一系列作品，或许是针对去地方化的、普遍化的现代性进程的诸多反应或策略中的一种，是反现代性的现代性。我知道它很有效，但你不能说那是规律。写出了伟大作品，然后我们发现他有那么个地方，所谓“邮票大小的地方”，但从逻辑上你不能反过来说，非得有那张“邮票”，才能通向伟大作品。

我或许有一个故乡，它不一定是一个特定的地理区域，我愿意把它称作我的王国，乌托邦或伊甸园，那是由我见过的风景，我走过的路，我读过的书，我认识的男人女人，我爱吃的食物，我的工作，我的迷思、妄念、噩梦和美梦等构成，我想，每个作家都有这么一个王国，那是他的底牌、隐私，甚至无意识。地理故乡只是其中一个因素，它能起的作用因人而宜。

但是，我喜欢你刚才那个词：世界的坐标。虽然我同样不认为这个词应该是地理意义上，但是我愿意相信，它是在的。比如，我想中国就是我的坐标所在，我几乎从来不会思考我作为北京人或者朝阳区人意味着什么，使我产生身份意识、地方意识和问题意识的，就是中国。

你最新出版的两部作品，一部是北京十月文艺出版社出版的《会饮记》，一部是中信出版集团出版的《会议室与山丘》，在后一部书里有一篇《一本书，我的童年》，提到1999年，你还是青年批评家时，张燕玲约你谈谈批评观，18年之后的2017年，孟繁华又约你写写批评观。你在文章里说，那些隐秘地指引着我们的阅读和批评的，很可能是一种类似于童年经验一样的事物。“就我来说，我可能依然是20世纪80年代初的那个孩子，未名湖畔……”我们想知道的是，在北大学习期间，哪些书、哪些人、哪些课、哪些事一直在隐密地指引着你？具体指引你的是什么？

中国作家特别喜欢谈童年经验，一个作家基本的自我言说就是在特定的童年经验和后来的作品之间建立同构关系。似乎批评家们就无此兴致。我只是说，一个人某些最初的经验可能会以某种隐秘的惯性指引着你。比如，20世纪80年代我上大学的时候，差不多所有人都是文青，写诗什么的，但我在大学期间不曾写过一首诗，当然后来也没写。为什么不写呢？我上初中还偷偷写过呢，现在自我分析一下，我可能是对那种过度的激情、自我戏剧化的东西，有一种本能的不适，近乎于羞耻——没有这个词那么严重，但看到你上铺或下铺忽然那么神经，总有点不好意思，不是为他，是为自己。我想这在一定程度上可能影响了我对文学的看法，对太文学的东西有一种本能的抵触，不信任。当然，这件事里最可笑的是，我恰恰是我的同学中一直在搞文学的两三个人之一。

紧接着说北大，在2018年北大中文系毕业典礼致辞中，你谈到北大中文系的四年读书生活对你来说也谈不上多美好，“连个恋爱也没谈过”。但是我注意到在《会饮记》中，你经常提起那片湖，感觉那片湖引起的心里的波动还是挺大的。你能不能谈谈庸俗意义上的大学生活呢？除了没有谈过恋爱，还有什么事情没有来得及做？这些缺失是个人原因，还是时代的原因？如果让你重回北大，你最想干什么？

我那时经常晚上一个人在湖边走，或者坐着，直到很晚，以至于得了个外号“夜袭队长”。这没有听上去那么浪漫，我想那只是因为我不喜欢学生宿舍楼里的那种闹腾，不知道你们后来怎样，反正我感觉每天晚上都像个发疯的马蜂窝。那时北大有很多热闹，我完全是个旁观者。当然，一个小屁孩，也很难掺和进去，但说到底，我想我自己也并没有多少掺和进去的冲动。所以不是有什么事没来得及做，而是想不出有什么事可做。但是，旁观者并非无感，在20世纪80年代的北大，你会感觉到历史正在身边运行，你的生命里会植入一种“历史感”，或者说，你坐在未名湖边的长凳上，你就会在一个特殊的位置上感受你与某种宏大之事的关系。当然，这是现在的说法，我尽力不把它说复杂了，当时没那么复杂，但是，现在想起来，这可能是北大对我的最深刻的塑造。

如果能穿越回去——我想我对当时的自己并没有什么更好的建议，我会和他一起，在湖边呆坐。这挺好的。

在《会议室与山丘》中，你描述了一个相当有趣的童年经验，你说因为父母都是考古工作者，所以你从小就身处“乱七八糟千奇百怪的旧物中”，因而学会和它们建立一种自然而然的关系，显然这影响到了你有关历史的写作与思考，甚至你的文风。你的父母都是北大学子，能问问你父母的情况吗？两位高堂对你的为文为人都产生过什么影响？

他们都毕业于北大历史系考古专业，那时考古还在历史系里边。我父亲是典型的20世纪50年代中国培养的大学生，严谨、刻板，献身工作，毫不幽默，这辈子我都没跟他聊过真正意义上的闲天。我母亲是双鱼座，是个文学爱好者，直到现在还每天都要读小说。她对人世、对人情有一种既敏锐又欢乐的感受力，所到之处人们都喜欢她。我记得在我八九岁的时候，她就津津乐道地跟我大讲《红楼梦》里凤姐黛玉怎么骂人放屁，我想我家在20世纪70年代可能是有一个女拉伯雷。各有各的影响吧，这是没办法的事，你会经常发现你在某一点上像你的父亲或母亲，尽管这可能根本不符合你的人生规划。

在《会议室与山丘》中，你谈到自己当年的职业选择，你说你并不是文学青年出身，从事文学也算是偶然，不过因为摩羯座的天性，一旦做了文学这个行当，就做得相当执着和认真。你说当初如果让你当会计，你也会好好干的。不过，你也很热情地肯定了文学的价值，你说文学的价值“是宗教、哲学，和其他一切知识不能给我的”。在你的现实体验里，文学与宗教和哲学的主要差别在哪里？你对文学重要性的认识是从来就有的，还是在文学工作的过程中逐渐产生的呢？

我们说文学是人学，但宗教和哲学难道不是人学？什么不是和人性有关呢？经济学研究理性经济人，人的交易和选择行为，那不是人性？所以，你总要思考文学何以是文学，它对人类生活意义何在。但是我自己一直避免给文学一个定义，给它扎起篱笆，我想文学的功能和意义在不同的历史境遇和人生境遇中是不一样的，所以这个世界上会有无数种写作和无数种阅读。你提到“文学工作”，我想这对我是重要的，我从1984年二十岁时开始在《小说选刊》当编辑，那时正是“八五新潮”前后，一开始就经历了文学观念的巨大变革，你必须在牢固的定见和新的文学经验之间做出判断和选择，这使你在没来得及形成定见的时候就先要形成一个开放性的视野，在文学的多种多样的可能性中去估量它的价值。

刘大先对你文章的观感，说你的文章之法“是水银泻地，自然而然，无迹可寻”，并认为“这真不是‘认真’两字能达到的”。但是绝对不会有人天生就会写文章，我听说你年轻的时候也非常刻苦，而且我不相信摩羯座的人会没有“认真”的一面。诚然，笨伯就算再刻苦也不可能写出你那样的文章。你认为你是“天分”多一些呢，还是“认真”多一些？二者应该如何平衡？

我不知道。认真我还是非常认真的，我至今还在与我的完美主义做斗争。至于刻苦，那就谈不上，比如当年我分配到《小说选刊》，不去宿舍，睡在办公室，很多年后，老前辈回忆起来，都赞曰：“小李很刻苦，天天看书。”我想，他们是把惰性当作了刻苦，实际上，我那时一个人在北京，又不喜欢社交，只好读书，读书也没什么目标，读各种没用的闲书。直到现在，我也觉得，我荒废了太多时间。

至于“天分”，我不知道。我想“天分”之有无只能从你的活儿里看出来，我自己做编辑的时候，看很多稿子，一边看一边想劝作者别干这个了，干点别的。当然最终我是不会说的。因为在中国人这里，天分事关自尊，你可以批评他不认真不刻苦，但你说他没天分那就近乎侮辱，所以你必须替他保密。别人的天分我看得出来，自己的天分我看不出来。

你的《青鸟故事集》出版的时候，我们《青年报》刊发过一个版面的报道，徐则臣还专门写了一篇短评，题目叫《艺术家李敬泽》。“艺术家”的这个帽子让我豁然开朗，因为读了你很多文章，也听过你多次演讲，无论是文是讲，是短是长，都是非常精彩的，包括现在的《会饮记》和《会议室与山丘》，用诗人、小说家、戏剧家、批评家、散文家，拿任何分工去定义你，都兜不住。徐则臣说，你以批评家之威名闻世，但把你的任何一篇批评文字拿出来，都是存乎洞见的独特美文，通篇洋溢着贯通诸种文体的“非法”的才华。可以说你写的是小说，也可以说你写的是散文，说是诗问题也不大，只是少敲了几个回车键而已，说批评文章当然更没有问题。有人说你是“文体家”，但是文体是“术”，你在意的是“道”，“道”就是艺术，所以叫你“艺术家”更恰切。我想问一下，你认为自己是哪一“家”，或者是偏重哪一“家”？如此开阔开放的写作状态不是人人都可以做到的，作家怎么才能做到“不讲文体”呢？

我给你个解释吧，就因为不会写论文、不会写小说、不会写散文，所以变成了“文体家”。实际上，到现在我也没有认真想过我要做什么“家”，我只是一个写作者。当然，我也意识到这比较吃亏，因为文体、体裁，这不仅涉及你怎么写，也关系到别人怎么读。这里存在着读写双方的一套约定，你说你是散文家，好了我放心了，我想读小说时就不会找你，而且我也已经有一套预期，知道你会满足我。现在这样一个家伙，他自己都说不清他是哪家的，这就很让人烦。所以，现在人家说我是散文家，我也没意见。不过，我还是愿意做一个写作者，向庄子学习，或者向罗兰·巴特、本雅明学习，也就是说，把人的经验、想象、思想作为一个未凿的整体，在这个整体里，那些文体规范其实不是多大的问题。

当年你负责《人民文学》的时候，倡导的“非虚构写作”概念，正是在“不讲文体”这种概念的指导下而产生的吗？回头看“非虚构写作”提出这么多年，它对文学的贡献是什么？如今跨文体写作可以说是无所不在，诗歌、小说、散文相互渗透，边界越来越模糊，比如小说的散文化和诗歌的散文化，你认为这是好事还是坏事？

对有的人是好事，对有的人是坏事。就像刚才说的，问题不在谁侵入了谁的边界，而是我们的眼光变了，一种新的感受力正在生长，在这里，传统的文体秩序——人类感受、表达和讲述的传统分类、分隔正在瓦解。文学中人可能不喜欢，因为这意味着原有的知识和利益和权力的贬值，但是，有什么办法呢？我们正好就处于一个大时代，这个大时代可能根本就不诉诸你的自我意识，它直接就把你甩在后边扬长而去，我们已经见证了报纸的衰亡，当然我们知道一起衰亡的不仅仅是报纸，还有关于新闻的一系列的基本观念。文学某种程度上也面临一样的危机。

至于“非虚构”，我记得我一开始就说过，立一竿旗在一片荒野上，看看会发生什么，不必急着给它定规矩，划下道儿来。结果这些年我们看到，一大群人聚集过来，这不是因为有这竿旗，而是因为那片荒野空地就在那里。我已经很长时间不太关心非虚构的问题了，那又不是我的一亩三分地。据我所知，现在有不少人对它在理论上做出界定，我想，现在看，它的意义不仅仅是文学的，而在于溢出文学的广义的表达、讲述和书写。就现有的文学疆界谈问题谈不清楚的。

在《会饮记》的说明里，你说“假作真时真亦假，无为有处有还无”。在你的创作中，你把虚构和非虚构都艺术地处理了，它们都变得坚硬，同时变得模糊。我是否可以这样理解，这是你把自己“发明”的概念在写作中的具体应用？你曾经谈到规格森严的文体和“文”之间的区别，这实际上涉及一系列复杂的问题，比如章法和自然的问题，所以你要用一种独创的“文”拆除虚构和非虚构的边界？在你看来，这对于文学的创新应该具有怎样的意义？

我觉得这并非独创。我愿意追溯到庄子，追溯到鲁迅，我甚至由此理解了鲁迅后来为什么不写小说而写杂文，写《野草》，写《故事新编》。关于“文”的传统、子部的传统、先秦的传统，我曾经反复谈过，当然实际上也是不成熟的想法。

读你的《会饮记》，确实会觉得“瞻之在前，忽焉在后”，跟不上脚步，又觉得爽得很。好多次我觉得你已经写乱了，或者分明在一本正经地信马由缰，但是读完一琢磨，赫然发现居然有呼应有首尾还挺连得上。你这样看似自然流泄，实际上暗藏章法的文章是怎么写出来的？是下笔的时候早有结构？还是在写的过程中才逐渐形成逻辑？总不会真的是浑然天成吧？

我是个认为自己是一只鸟的摩羯座啊，最恨失控，又最爱游泳和飞，实际上我写的时候确实清楚地明白自己在跑野马，很爽，像冲浪和滑翔，但是我也清楚地知道，我总会把它兜回来，不会找不回来的。下笔的时候很少有结构，只是有个念头、想法，好吧跳吧开始吧，看看我们能飞到哪儿。我喜欢那种自由自在的线条感，这就像游泳，你知道命悬一线，但是你不会让这根线断了是吧。然后，逻辑会自然地绷起来。其实，写文章就是让我们碎片的、毫无关联的经验、思绪获得一种形式感，我想这种形式感或者你所说的“章法”，它不仅是形式，它也是意义，也是某种总体性或整体性的闪烁。

你曾经说“最想做的事其实就是办杂志”，这个当初偶然踏入的行当，为什么让你这么热爱？你最想办的或者说你最理想的杂志是怎样的？

习惯吧。我会因为习惯而爱上一件事。毕竟我办了28年杂志。而且办杂志确实是一件有效力感的工作，它提供一种稳定的意义，你知道你想要什么，然后你行动起来，看着它成形，并且在这个世界上产生一点影响。在高度分工的现代社会中，它可能是难得的一件让人找到一种农夫式的整全感的工作。当然，我也就是说说而已，我想我已经不会再办杂志了。

最后一个问题，你有多重身份，作家、评论家，还有公务方面的中国作家协会副主席，同时你还有书法等多种雅好。我个人认为，你如果专心写作的话，也许会取得很大成就。这些身份的相互关系是什么？你又是如何分身的？

请不要用“书法”这个词，只是写字，还写不好。对我来说，工作是第一位的，我也并不认为工作和写作之间有多大的矛盾。实际上，每当放长假我就会充满失败感，因为并没有写什么东西，相反，我喜欢在工作的间隙写作，喜欢那种忙里偷闲的感觉。但似乎并没有什么分身的好办法，只不过取决于你是否愿意为读书和写作留出时间。

设问人：丛治辰 评论家，中央党校文史部教师，中国现代文学馆客座研究员

李佩甫

李佩甫，1953年生，河南许昌人，曾任河南省作家协会主席。主要作品有长篇小说《金屋》《羊的门》《城的灯》《等等灵魂》《生命册》等，中篇小说《红蚂蚱绿蚂蚱》《黑蜻蜓》《无边无际的早晨》《败节草》等。曾获茅盾文学奖、庄重文文学奖、全国“五个一工程”奖、全国金盾文学奖、《人民文学》优秀长篇小说奖等。

有光才会有方向

李佩甫多年来一直关注平原的生态，作为中原人他心中有着各种各样关于“平原”的收藏，这些收藏成了他日后创作的“药引子”。对李佩甫来说，作品中的每个人物都是他的“亲人”，当下笔书写他们的时候他是有疼痛感的。“因为实实在在地说，我就是他们中的一个。”因此每一部有关人与环境的作品，他都通过“土壤”与“植物”关系来诉说。

李老师，你好！感谢你接受这次访谈。你是1953年出生在许昌市一个工人家庭的，自己也当过几年工人。但看你的作品，工人生活远没有乡村生活在你心中留下的印记深，为什么？

我出身于工人家庭，住在一个大杂院里，那是一个贫民区，五行八作的人都有，老辈人识字的不多，都是百姓。我自己也当过车床工，但我对当工人不是很喜欢。那时候一开车床每分钟三千六百转，人高度紧张，不敢出错，一错就是一堆废品。我对农民很熟悉，我们家百分之九十九的亲戚都是农民。我母亲好客，农村亲戚长年累月不断往我们家去，拿点红薯或者别的，最穷的时候掂两串儿蚂蚱就去了，我母亲就做炸酱面招待他们。另外，一个人的童年是至关重要的，我在姥姥家的童年生活很快乐。几乎每个星期六的下午，我都会背上小书包，到乡下我姥姥家去，为的是能吃上顿饱饭。去姥姥家要走三十里路。我一个小儿，总是很恐惧、很孤独地走在乡村的土路上。童年里，我是在姥姥的“瞎话儿（民间的传说、故事）”中长大的。那时候，姥姥已是半瞎，记忆力却惊人地好。有无数个夜晚，我都是在她老人家喃喃的“瞎话儿”中睡去的。夸张一点说，我是在姥姥的“瞎话儿”中泡大的。她讲的“瞎话儿”就像明月一样，每晚都在我的床头升起。

你曾不断强调喜欢读书、坚持读书在自己一生中所起的重要作用，你能不能就自己的生活经历和写作经验，谈谈读书作用的具体体现?

我的人生得益于阅读。也可以说，是读书改变了我的人生轨迹。你想，我三代赤贫，父母都不识字。况且我生在工人家庭，童年生活在一个骂声不绝的大杂院里。当年很多同龄的孩子都去捡橘子皮、卖瓜子去了，我却从那个时间段开始，读了大量的书。正是读书让我认识到世界很大，还有各种各样的人生、各种各样的生活方式。那时我阅读量很大，阅读的渴望非常强烈。凡是有字的东西我都喜欢，连新华字典都翻过好几遍。从书本中，我认识到什么是高尚、高贵；什么是卑下、低劣；人的命运是怎么一回事……后来在1980年前后，我们是疯狂吃进，读了大量外国作品。阅读让我见识了人类最好的文字，原来语言行进的方式与思维方式关系极大。文体不是人们认为的“结构”，而是语言行进的方向与方式。为啥用意识流？是要走出旧有的思维模式，创造一种全新的对人类、对社会生活、对生命体验的认知方式。后来，阅读就成了一种生活习惯。我想阅读是丰富人生、开阔视野、清洗自己的最好方式。当然，这都是需要“悟性”的。当你“悟”到一定的火候，你才真正站到了巨人的肩膀上。

1978年你发表第一篇小说《青年建设者》时，是什么感觉？

心里比较高兴。记得当时在厂里参加篮球比赛，那是怎么投怎么顺。我想，情绪的影响力量还是很大的。

后来你就开始了写作生涯。在1985年前，是不是有一段困顿苦恼期？直到《红蚂蚱绿蚂蚱》写出来。这个中篇在你的创作中，意义挺大的吧？

是，一直都很困顿苦恼。那时就是乱写，想写啥写啥。苦于找素材苦于编故事苦于突破，但是又没有方向没有目标。当时有两个任务：一个是找到自己写作的领地和根基；再一个很痛苦的是要变投稿为被约稿。这是我当年的深刻体验。一个作家如果不改变这种状态就会终生痛苦，作家就会当得很窝囊。《红蚂蚱绿蚂蚱》唤醒了我的童年记忆，忽然发现我是有宝库的，这解决了我以中原为根基的写作定向。找到了写作领地，心就安定下来。同时它还改变一件事：就是我从投稿变为被约稿了。

现在有许多编辑也都写小说，有些还出手不凡，你曾做过几年《莽原》编辑，你觉得编辑工作对写作，有什么影响吗？

我是从1983年开始做编辑，到1987年去做专职作家。这四年编辑生涯对我来说太重要了。那时候，学习一本编辑手册，成了我正规训练的方式，都快翻烂了。我觉得当编辑对写作有很大影响：一是行文的规范，编辑要校对每个字、标点符号，原来我的标点很不规范；二是看人家的稿子能增加对文字理解的宽度；三是当编辑能看到很差的文字，也能看到很好的文字，知道之间的差别有多大，区别在哪儿；四是还要总览中国文学和世界文学的走向，最高水平是什么，我们刊物质量在哪个水平线上。所以，在当作家之前还是当当编辑，有很大好处。

当专业作家后，你的作品就越来越多了。常听你说：“一个人一生能够找到自己愿意做又能做好的事儿，这是最幸运的。”对于以写作为职业，你甚觉欣慰吧？但有时候，喜欢的事情找到了，能否用一生精力去专注从事，也是很难说的。毕竟，人生路上致人转移、分神的诱惑会时不时冒出来，障在眼前。你是如何做到不去旁顾的？甚至后来担任作家协会主席、文联副主席，也没有让你分心，降低自己的创作水准。

是啊，对于我的人生来说，我有幸找到了一只“笔”，一个人一生能够找到自己能做又愿意做的事儿，是最幸运的事。很多人一辈子左选右选，做的很多都不是他最喜欢的事情。我可以做自己喜欢的事而且能够做好，这是很多人一辈子都做不到的，不过我也是歪打正着。找到了这支“笔”，我就得好好握住它，对我来说，这是最重要的。我曾经给人说过，对我来说，除了这支笔不能丢掉，其他的一切都可以放掉。

作家的写作也是随着自我思想认识的变化而变化的，有时候感觉你的小说排放在一起，就像一级级向上的台阶，前面是后面的铺垫，后面是前面的升华。从《红蚂蚱绿蚂蚱》找到文学领地后，你迅速进入了长篇小说创作。在《李氏家族》中，你开始了对中原大地与人们生存状态的历史追索，开始用过去、当下两条线索来表达思想。你将豫中平原这块“绵羊地”作为自己文学耕耘的领域，是那个时候就明确了吗？这块中原大地，你认为有什么特点呢？

我是从《李氏家族》开始，对这块土地一次一次再认识，不断地发现新东西，不断地扩而大之，是通过很多年的努力才找到“平原”的。平原是我的故乡，也是我的“写作领地”。在我心中，“平原”是一块特定的地域，每个作家都有自己的“领地”，尔后在自己的领地里挖上一口“井”。当然，从写作的意义上说，我笔下的“平原”已不是原有意义上的平原，它是一种反复思考后再现的过程。就具象来说，这是一块热土，一马平川、四季分明，可以说是插根棍子就可以发芽的地方。中国的四条大河三条流经中原。当年历史上这是一块最好的地方，但是由于历年战乱，中原不断地被侵扰、占领，“逐鹿中原”就是最好的注解。政治文化对她的破坏、摧残，使她成为相对落后的、不好的地方。其实当年最早是好地方，不然唐宋不会都在这里建都，包括河洛文化、殷商文化等都在河南。整个中原你会发现有很多优点，比如说郑州它虽然又乱又脏，但它是中国十大最平安的地方：没有地震，另外黄河泛滥从来没有淹过郑州，都是从中牟往下走了。可见任何东西的存在都是有道理的。但后来一次一次的破坏造成了这样的局面，所以我对这块土地有一种很复杂的情绪。

对当代生活的呈现与批判是你文学主题的重要组成之一。1989年你写了《金屋》，集中表现金钱时代对村民带来的生活动荡和精神惑乱，现在看来那是乡村命运改变的开始，你怎么在那么早的时期就开始思考了呢？

写作《金屋》之前我们参观过一个村，全是新盖的楼房，非常漂亮，家家户户都是贩羊皮发家的，村里到处一股羊膻味儿。进到他们房间，你会发现屋里应有尽有，就是没有书，这让我感到一种精神的贫穷，内心就起了怀疑和不安。一方面是盛行的欲望，一方面是精神的溃败，渐渐就有一种忧虑。

后来你关注时代变化带来的人心病态，你在《城市白皮书》中更是集中爆发，这个小说中你写了好多种心理疾病，放眼望去，周围是形形色色的一个个“菌人”，当时你发于什么样的想法，急切而愤激地写了这本书？

在《城市白皮书》里，我集中写了各种各样的城市病相。我通过一个长在树叶上的小女孩眼睛（当然，这女孩的视角也是病态的）所看到的，在钢筋水泥铸就的鸽子笼似的城市里，开始出现了各种病人，比如“塑料人”“水泥人”“钢笔人”“半心人”“口号人”“乙肝人”……在城市的挤压下，这是一部城市病相报告。

《羊的门》是你写得最自由最顺的作品，直到今天仍为人津津乐道。读《羊的门》的时候，感觉寓意很深，使人不由陷入悲哀中，尤其为结尾“呼家堡传出了”的“一片震耳欲聋的狗咬声”，这个结尾最初就是不由自主写出来的吗？

写《羊的门》时，最吃力的就是这个结尾。前边写得很顺，可以说一蹴而就。就这个结尾，我修改了八次。每一次都不满意，直到找到这个“狗咬”。当时，我也不是有意写什么“奴性”，只是想要实现这部作品的完整性。要把结尾提到与整部作品相当的一个高度。况且也不仅仅是奴性，其中有让人感觉温馨的部分，还有在这个特定的环境中，与根部有密切关系的群体生命的悲凉。

你集中表达了“土壤”在“植物”成长过程中的作用，感觉你作品中的主调就是：“植物”能长成什么形态，是由“土壤”决定的，“土壤”非常重要。“植物”生长的“土壤”里，有营养也有毒素，那“土壤”的积层，既有几千年历史文化的沉淀，也有“文革”遗留的质素，还有当下生活风气的表层浸染。“土壤”就是“植物”命运不可逃脱的“因”，想想就有一种极为沉抑的悲痛。你是不是也有？所以你在《城的灯》里，就刻意写了刘汉香这个不受此因果控制的“月亮花”。《城的灯》的前半部很实，后半部很虚，你把刘汉香“神化”成了中原上的一个“现代传说”。你为什么一定要这么做？

刘汉香是我虚拟出来的一个优秀的“血分子”。其实，中国历朝历代都不乏这样优秀的“血分子”。可还是有人说刘汉香假。这是人心假的结果。这部长篇小说是写“光”的，刘汉香这样一位美丽的、光芒四射的女性就是作品之光。有了“光”，生活才有温暖和方向，“光”能照亮文字，照亮人心，照亮自我。我认为对一个民族来说，是需要光的。况且，我们这个民族，在历史的长河中，在每一个节点上，一直都是会看到亮光的。由此说来，我们这个民族，不论前景如何，一直是有“标尺”的。我们当然知道上限在哪里，古人语：虽不能至，心向往之。就是这个意思。在任何一个时代，在最危难的时刻，都会跳出一两个“血分子”，它的搅动就成了一个民族“生生不息”的动力。从这个意义上说，我认为希望是大于失望的。当然，最后刘汉香还是死了，但在某种意义上说，刘汉香丧生的是肉体，而精神是不灭的。“月亮花”已经种下了，它改变着人的认识。这就是一种焚身化蝶的改良。

《生命册》是你写得最努力的一部书了，写了五六年。感觉你回头检省了50年的社会发展史，检省了自己50年的生活过程和思想变化，真是“一部总结性的作品”。在这部小说中，这里的树都是变形的、不成材的，这里的人都在生存过程中走向了他的反面，你是不是仍在强调环境、土壤对人的强大塑造作用?

这是一部含有苦意的书。苦在挣扎，苦在迷茫，苦在寻觅，苦在探索。那苦意是浓后的淡，像茶一样余味无穷，含有更多的人生的容量。写《生命册》我动用了50年的储备。我写人与土地的关系，写土壤与植物（人）的关系，这部作品可以说是一个总结。在小说中，我把人当成树，这样的土地很难生出栋梁之材是有原因的。这是一部自省书，是要拉开距离看看我们生活的土地。土壤在破坏中改良，又在改良中破坏，现在即使物质充裕了，但有些人精神依然贫穷，灵魂仍在荒野上游荡。

《生命册》中的吴志鹏是作品的叙述者与主人公，他代表了20世纪50年代生人对当下社会状况的质问与言说，你觉得这个人物在你作品中有什么意义？

我这本书写了一个重要人物，就是吴志鹏，他是我所有作品里面当中，最接近我个人的一个人，我认为也是写得最成功的人物。吴志鹏是一个吃百家饭长大的孩子，是上过大学、读过研究生的当代知识分子，同时他又是一个“背着土地行走”的人。他一直“活”在别人的眼睛里。他是一个有乡土背景的人，他先后得到了时代生活、时间、书籍三重淘洗。他有过沉沦、有过堕落、有过失迷。但他有自醒意识，他一直在反省自己。就是因为他不停地读书，不停地在清洗自己、反省自己。因为自省，他避过了很多的陷阱，很多有可能使他走向覆灭的时刻，他是一个清醒的人。正是通过不断清洗自己，认识自己，不断地内省，他就有可能成为一个健康的社会人。

《生命册》中的另一个重要人物就是“骆驼”，他疯狂追逐金钱，但最后跳楼自杀。他的悲剧隐喻或者说暗示了什么？

你也可以理解为隐喻。在一个时期里，潮流决定风尚。资本经济年代，社会普遍存在着“投机心理”。当人人都渴望越位，渴望靠投机成功，这个社会就危险了。人一旦越过了底线，就不成其为人了。人走得太远，就回不来了。我们每人心中都藏着一个“骆驼”，都渴望或曾经渴望成为“骆驼”。“骆驼”是时代的弄潮儿，同时也是一个悲剧人物。他的悲剧是一开始就种下的，是含在骨头缝儿里的。最后，拥有亿万资产的“骆驼”还是从十八层大楼上跳下去了。可杀“骆驼”的是他自己，是精神上的“贫穷”。“骆驼”不是坏人，在这个世界上，也没有纯粹意义上的坏人，只有活在“环境”中的人。

我觉得《生命册》中的两个意象发人深省，一个是“水尽鱼飞”，一个是“让筷子竖起来”。你能不能详细阐述一下你写出这两个意象时的思考？

“水尽鱼飞”说的是精神生态，或者叫生态环境的变异。同时，“让筷子竖起来”也是一种意象说。在这块土地上，历朝历代都有这样的一个过程链：生活在时间中演变成了传说——传说在时间中演变成了故事——故事在时间中演变成了寓言——寓言在时间中演变成了神话。这是纯中国式的“精神生态环境进程式”。

你的《生命册》获得了茅盾文学奖，也算是文学对你勤耕一生的报偿吧，现在，返回头去看看，有何感想？

获茅盾文学奖是对我笔下的土地和人的肯定。我对我的家乡，对这块平原，有很深的情感在里面。写作，是映照自己，反省自己，反省这块土地，反省我的亲人们，他们是这样走过来的。所以当我拿起笔，或者在电脑上打字的时候，真是一种指甲开花的感觉，很疼。写着写着，不是你在写，是生活在写你，是它引导着你走。你跟这块土地上的人同呼吸、共命运。在某种意义上说，写作已经成了我的一种生活方式。不管得不得奖，我都是要写的。这是我的日子。我最开始并不是为了获奖、出名而写作的。我是真心热爱文学，是阴差阳错地走上了一条最适合我的人生道路。文学对我影响太大了。我正是在文字里找到了人生的方向和感觉。

文学发展到今天，已经发生了很大变化，你认为中国作家面临的主要难题是什么？

从文本意义上来说，中国作家所面临的一个难题就是如何突破旧有的文学样式，如何写出本民族所期待的好的文学作品。这对当代作家来说是一个困境。社会已经发生了巨大的变化，但我们思考的时间还远远不够。文学其实是应该走在时代的前面的，但是在这个阶段中我们的文学落后于时代。作家面对急剧变化中的社会生活，我们思考的时间还远远不够，当一个民族的作家不能成为一个民族思维语言先导的时候，是很悲哀也是很痛苦的……

你说“作家应是有理想主义特质的，有悲悯之心的，人类健康生活的建设者”但文学对社会生活所能产生的意义和作用已经被许多人怀疑，你呢？有没有怀疑、动摇过？

我没有。现在文学已被急剧变化的，五光十色的社会生活淹没了但如果我们的文学创作落后于时代，生活比文学更精彩，那么，作家就成了重复描摹现实生活、贩卖低劣商品的“故事员”。我们的写作还有什么意义？是啊，这个社会仍然有一部分糟糕的现象，旧问题解决了，新问题产生了。文学对具象的社会生活毫无意义，但对人的精神有意义。我说读书可以清洗、改变人是真话。我仍然认为作家应是有理想主义特质的，有悲悯之心的，人类健康生活的建设者。

现在，年轻作家一拨一拨地逐渐成长起来，你觉得你们的不同在哪里？

不同代的作家，创作特征不一样吧。我们完整地经历了社会形态的大变革，我们见识过两种形态的生活带来的好处和恶果。很多年轻作家没有这个经历和见识，作品就不一样。当然，我希望年轻一代越写越好。

你对青年作家提出一些指点和建议吧？

情感是写作的灵魂，作家情感的真诚度对作品质量有很大影响。作家写到一定程度，很多东西会被看得很清楚，藏是藏不住的，一点小心机在文字里是很容易被内行人一眼看出的。文字是骗不了人的。初写不显，即使编造也可以蒙混过关，但一旦进入文学深处你就无处可藏。你的心性你的小伎俩会在文字中一览无余，不能有偷工减料的心理，文字这东西一旦下去就很难再上来。要咬住、坚持住，每次写作我都要重新开始。文学不是可以经营的。尽管文学场有了些变化，商业、政治的某些东西对文学场有污染，但真正意义上的文学仍然是相对纯粹的。谁也掌控不了这个世界，在大世界的概念中，一切计算都是不起作用的。

你经常强调“找到自己的领地”，但你们那代作家基本上是将以家乡为中心的地域作为了自己的领地，而现在的作家已经不大有这种可能，那么，“自己的领地”还是必要的事情吗？有没有什么变化？

每个作家都有自己最熟悉的领地，不一定是地域性的。但不管是何种领域，哪怕是只写一个人的内心，只要是你最熟悉的，都可以左右逢源，得心应手。反之，你会捉襟见肘，寸步难行。你们这一代偏往内走一点，精神上多。你要对这个领域特别熟悉，你能看到一种别人看不到的东西，你可以感觉到它的味道，感知别人感觉不到的东西。每个人都有自己的路，在自己的领域里耕耘，做到怎样就是怎样。你最熟悉的东西就是你的，别人夺不走。不要去别人的领域争，否则会很苦。

尽管你们这代作家生活经验很丰富，但写长篇或剧本后也有经验透支的时候吧？这种情况下要怎么办呢？

有。有时一部长篇就透支完了。要自动下去搜集一些新的生活体验，转转走走，会有些新信息的进入，认识也在不断变化中。我是不断阅读这块土地，不断阅读、回视，每次都有新的发现。而且，每个生命状态都不是一成不变的，社会在变，人也在变，认识也会发生变化的。

设问人：孔会侠 评论家，郑州师范学院副教授

迟子建

迟子建，1964年生，黑龙江漠河人，黑龙江省作家协会主席。主要作品有长篇小说《树下》《晨钟响彻黄昏》《伪满洲国》《越过云层的晴朗》《白雪乌鸦》《额尔古纳河右岸》《群山之巅》等，至今已经出版单行本八十余部。曾获茅盾文学奖、鲁迅文学奖、冰心散文奖、庄重文文学奖、澳大利亚悬念句子文学奖等。

痴迷文学是我的福气

刚过知天命之年的时候，迟子建推出了长篇小说《群山之巅》，正如这部小说的名字，迟子建还在不停地攀爬文学高地。对于扑面而来的各种奖项，她表示只是对文学创作的一种肯定方式，但不是唯一的方式，也不是最重要的方式。对她来说，创作是生活的一部分，过了五十岁依然痴迷于文学，还有许多要表达的，这就是一种福气。

你每天的生活与写作是如何安排的?

我与大家一样，过着平常的小日子。无外乎上班，读书，写作，出差开会，买菜做饭，黄昏散步。只要进入小说，我喜欢一气呵成。小说如果断断续续地写，气韵会受影响。我通常上午写作，五十岁后，晚上绝不开夜车了。

除了写作，你还有什么爱好吗？过了五十这个知天命的年纪，你对未来有什么计划和调整?

说来惭愧，除了写作，我最大的爱好是吃。所以喜欢逛夜市买时令蔬菜，喜欢去超市的副食品柜台。一边听音乐一边下厨，尤其是在菜品上来个创新，对我来说是一种享受。此外，喜欢看看足球赛，比如的欧洲杯，因为时差原因，虽然不是每场必看，但重要场次还是会熬夜看的。

你是中国最为优秀的女作家之一，请问一下你觉得女性的身份给你的写作带来的帮助和不便各是什么？

性别是与生俱来的，是自然属性，谁写作时会先做一番性别认知再下笔呢？我不喜欢在“女”字上做文章，因为真正有女性色彩的文字，都是天然流淌的。鲜明的性别标签，也许成就了文学史上的一些优秀作家，但我更爱那些没有性别标签，却特色鲜明的作家，因为在我眼里，再炫目的标签，都是写作的“身外之物”。

说到这里，问一个比较有意思但或许不太专业的问题，在其他行业里，多是男性当道，但是在文学领域中，女性作家这些年似乎成绩非常突出，就拿作家协会主席来说吧，我知道的就有中国作家协会主席铁凝，你是黑龙江作家协会主席，还有王安忆、范小青、赵玫、邵丽等。就个人的体验来说，这是一个什么样的现象？

现在全国省级行政区，有三十多个吧？虽然地方女作家协会主席的比例在提高，但相比男性，队伍也算不得庞大。你提到的这些女作家，是创作一直很活跃的，像王安忆、铁凝和方方，从20世纪80年代至今，一直是文坛的中坚力量。作家协会的体制是，党组负责日常工作，所以主席更多的是参与文学活动。我觉得在一个专业性较强的团体里面，还是能起到积极作用。但前提是，一个作家协会主席如果没有好作品，失去创造力，无论男主席还是女主席，都是件尴尬的事情。

当作家协会主席对你自己的写作有影响吗？这一角色是不是对新人的扶持和文学事业的发展比较有利？

我做了六年作家协会主席，如果说它对写作完全没有影响，那是不客观的。这六年来，我主持了首届萧红文学奖的评选，以及黑龙江省政府的三届文艺大奖的评选，策划出版了以中青年作家为主的两年一辑的“野草莓”丛书，由人民文学出版社出版，现已出至第三辑。今年我们又做了“晚华文萃”丛书，为黑龙江健在的80至90岁的十位老作家出书。当然，日常与文学相关的业务，属职责范围内的，尽力去做好。我的体会是，如你所言，这个角色对新人的扶持确实比较有利。但各省财政情况不同，黑龙江属于经济欠发达地区，对文化的投入与经济发达省份难以相比。我们尽可能地创造条件，做些对文学有益的事情，这个过程，也是自己积极参与社会的一种方式。

你是读者最为关注的中国作家之一，他们都期待着你的新作，起码我及我的家人，都在等着你的新作，请问一下，你目前的创作是什么情况？在你整个人生当中，创作处于一个什么样的状态中？

《群山之巅》之后，我调整了一年。创作是我生活的一部分，过了五十岁，依然痴迷于文学，还有许多要表达的，这对我来说就是福气。

我曾经做过统计，如果我没有记错的话，你是中国作家里边唯一一个三次获得了鲁迅文学奖的作家，也是同时获得了茅盾文学奖的作家。你怎么看待自己获奖，又怎么看待评奖？对获奖还有预期吗？比如更大层面的奖项。

针对这个问题我曾说过，写作仿佛是一个人在闷热的天气走长路，走得汗涔涔时，一阵凉爽的风袭来，让你觉得惬意，得奖就像这样的风。可是再怡然的风，不过一阵，很快就散了，剩下的还是漫漫长路，等着一个写作者孤独地走下去。作品获奖是对文学创作的一种肯定方式，但不是唯一的方式，也不是最重要的方式。因为中外文学史上，有很多作家的伟大作品，并没有顶着奖项的光环。把奖项看得过重，或者过于鄙薄奖项，都是缺钙的表现。

文学作品也是一个独立的生命个体，你的很多作品已经成了经典，你感觉自己哪部作品寿命最长？有没有短命的作品呢？或者被埋没过的作品呢？

短命之作长命之作都不敢论断，但我确实有幼稚之作，比如我编辑短篇小说编年本和中篇小说编年本时，有些早期的中短篇，确实有些许被遗忘的作品，但创作总要经历这样的阶段。我不知道自己的哪些作品会长命，这跟人的寿命一样，难以预测。我只知道自己写了一些目前还比较满意的作品，长篇中篇短篇都有，它们能活多久，就看它们的造化了。造化深，我是说内里真正光华灿烂的话，它们就会经得起时间之河的淘洗，经得起读者挑剔的眼光；造化浅，缺乏内蕴的话，它自然会逐渐干涸下去。所以岁月是好东西，它能尽可能地去芜存菁。当然，在复杂的社会环境和掺杂着某些个人变态欲望的文化生态中，也不排除好作品被埋没遭鞭挞而貌似深刻的浅薄之作却大行其道的情况。

你的《额尔古纳河右岸》获得茅盾文学奖时，你在发表获奖感言时，谦虚地表示有些没有获奖的作家，比如轮椅上的巨人史铁生，他们的作品也值得我们深深地尊敬。你是如何评价自己这部作品在你个人整个创作中的地位的？这部作品在整个茅盾文学奖中的地位又是怎样的？

我无法评价《额尔古纳河右岸》在整个茅盾文学奖中的地位，但我可以说这部长篇，是我写作生涯不会被自己遗忘的一部心血之作。因为无论是个人情怀的表露，还是对历史的回溯，或对现代文明的反思，对文学的表达，都是浑然天成的。

有评论认为，《额尔古纳河右岸》是一部具有史诗品格与世界意义的作品。许多作家在获奖后，都不敢轻易下笔了，或者说是遇到了某种瓶颈，但是你此后又创作了《白雪乌鸦》与《群山之巅》两部作品，似乎越写越好了。你是怎么突破瓶颈的？你觉得自己是不是超越了？

这三部长篇其实是很难对比的，不能说谁落后于谁，也不能说谁超越了谁，因为它们气象大为不同。写作《额尔古纳河右岸》时，我的笔触在青山绿水和茫茫飞雪中游走，风雨雷电是它的“魂魄”；写作《白雪乌鸦》时，我“遭遇”了百年前的哈尔滨大鼠疫，书写灾难中的人性微光，有如每天在与亡灵对话，说不出地沉重；到了《群山之巅》，我的笔伸向现实的泥淖，伸向人性荒寒之处，我笔下的龙盏镇，在那个阶段就是我心中的“神庙”，蒙冤的，洗罪的，纷至沓来，所以这部长篇对我挑战最大。

《群山之巅》围绕龙盏镇而出场的许多人物都能互相联结，各个人物形象鲜明，活灵活现，连人物的配备（比如：屠夫辛七杂的各种屠刀）或者动作（取太阳火）也是生动出彩，故事也充满传奇色彩，深深吸引了读者。这么庞大的结构体系，你是如何将它聚拢在一起而且还要把每个人物故事交代清楚的？

《群山之巅》出场人物确实很多，有的是浓墨重彩的，有的是淡笔勾勒的，因着人物轨迹的不同，所以他们在色彩上深浅有别。在作品中能够把我想表达的尽力展示出来，结构起了关键作用，也就是故事的讲法。我采用倒叙回溯的方式，每个故事都有回忆，这样就能把现实与历史有机地融合起来，俭省笔墨。去年我在北京师范大学做驻校作家演讲时，曾谈到一个好作家，应该做个好导演，而不是好演员。你要调动所有人物，让他们怀揣不同的心事，各有归属。

大家好奇，你是有生活原型呢？还是完全靠着一个作家神奇的想象力？你的想象力是怎么生发的呢？想象力可以培养吗？

想象力当然可以培养。《群山之巅》有些人物，是有生活原型的。但原型人物进入小说后，生长的形态是靠作家的心智和笔力来完成的。丧失虚构，等于丧失了小说的根本，因为小说是艺术，而虚构是艺术的翅膀。

有些情节的处理，涉及到目前的社会现象，比如贪官的收礼账本、医学院大学室友投毒案、照顾瘫痪丈夫数十年的凄苦无奈、活体移植肾衍生出回沪知青的下乡往事……你几乎都把它们写入了小说中，在山林之中的单纯小镇或县城，这些时事是真的发生了吗？还是有人为的痕迹？

我少时在小山村生活的时候，因为叔叔是县城的医生，所以死刑犯在山间被执行枪决后，他曾奉命去法场取过器官，给我留下惊悚的印象。而土葬变火葬，我姐夫的母亲，就不幸成为那座小城火葬的第一人，当时我刚好在场。至于知青下乡往事，我小学的时候，教我们的老师就是上海知青。而逃兵辛永库的原型，是我在中俄边境相遇的。为什么读者会以为在青山绿水和偏远之地，罪恶和冤屈就不会生长和存在？其实写什么样的事件并不重要，重要的是作家对这个事件的态度。如果读者只看事件本身，不关注人物复杂的内心世界，不关注爱恨纠葛，不关注人物的救赎，那关注的就不是小说了。

小说最后，安雪儿放下沉睡的幼儿毛边，独自跑到土地祠，途中遇大雪纷飞，她还执意往前，到土地祠后被傻小子单夏非礼，这个结尾你是否满意？有没有考虑过另外的结局？毕竟前面众人捧为精灵的安小仙已经被强奸了一回，坠入红尘，最后再遭此一劫，对读者是不是有点残忍？

这个结尾我非常满意，而且我并没有写单夏会强奸安雪儿。他在大雪纷飞的土地祠，也许只是天然地拥吻她。可是堕入凡尘的安雪儿，会本能地发出求救的呼喊。很多读者面对这样的结尾，思维基本都是朝向一个方向。这也说明，我们的思维定式，影响我们对人物的理解和判断。我尊重任何解读，但作为笔者，会感到遗憾。

我觉得你对生死的题材似乎有些感悟，在人物的主线中，屠夫辛七杂、法警安平、刻碑人安雪儿、理容师李素珍，再加上镇内老人对土葬和火化的讨论，为什么你对这个题材感兴趣？你是怎么理解生死的？

在某个时空，生不是开始，死也不是终结。

我们都知道你对出生的黑土地有一种情怀，在时代的发展中，每个地方的风土民情总会被时代改变，《群山之巅》是不是对社会的迅速变化、对环境的破坏和污染渗透到原本清净无染的家乡表示担忧？

不仅是乡村，即便是城市，社会的迅速发展和变化所带来的，都并不仅仅是好处，弊病一样存在。就像我在《额尔古纳河右岸》中对现代文明进程的反思一样。一条大河的流淌，泥沙俱下，也在所难免。

你曾经写过一个小说《世界上所有的夜晚》，女主人公在丈夫车祸去世后独自远行，背景应该是你自己伤感的经历，那么主人公后来的部分也是你自己的故事吗？

《世界上所有的夜晚》，确实有我个人生活的影子，也最接近我的心灵世界。爱人车祸离世那个阶段，是我过得最艰难的岁月。我对过去难以忘怀，特别想用一篇小说，来告别或者是来纪念我的那段情感，于是就有了这部中篇。我在开篇写到：“我想把脸涂上厚厚的泥巴，不让人看到我的哀伤。”这句话是我真实的感受，那时我不想让任何认识我的人看到我，也不愿意让人看到悲伤。我在这里写了矿难，其实也是写一个人的伤痛和社会伤痛的关系，哪些伤痛轻如浮云，哪些伤痛是彻骨悲凉的。

读者非常关心你的生活，自从你丈夫出意外之后，你用写作来疗伤，你的伤疗得怎么样了？你就没有打算重新组建一个家庭吗？是否还没有从那段感情中走出来？那段感情到底给你带来了什么影响？

谢谢读者关心，但是真抱歉，我无法回答您的问题。我只能说，聚散是缘。真正关心一个作家的话，还是关注他的文字吧。作家的情感世界，都在文字里。

目前，随着新媒体的不断发展壮大，纯文学似乎越来越受到了青年读者的冷落，你怎么看待文学正在经历的这场变革？你担忧纯文学的前景吗？你对青年读者的浅阅读和娱乐化阅读，有什么样的推荐和提示？

如果说文学是块蛋糕的话，那么以前这块蛋糕是放在一块盘子中，随着现今新媒体的兴起，蛋糕被切掉了一部分，放在了另外的盘中而已。做蛋糕的人不要考虑有多少人分吃它，只管做好你的蛋糕就是了。如果有一天无人分享，自己享受也是一种福气吧。青年人应多读经典书，它们就像便宜的老处方药，非常有效。未来的文学世界一定是青年人的，但是打文学的天下，不是一朝一夕的事情。

设问人：陈仓 作家，诗人，媒体人

余　华

余华，1960年生，浙江杭州人。主要作品有长篇小说《活着》《许三观卖血记》《在细雨中呼喊》《兄弟》《第七天》等，其中《活着》和《许三观卖血记》同时入选百位批评家和文学编辑评选的20世纪90年代最具影响力的十部作品。曾获庄重文文学奖、中华图书特殊贡献奖、意大利格林扎纳·卡佛文学奖、澳大利亚悬念句子文学奖、美国巴恩斯-诺贝尔新发现图书奖，以及法兰西文学艺术骑士勋章。

文学高于现实那是虚构

余华的作品以纯净细密的叙述，打破日常的语言秩序，组织着一个自足的话语系统，并且以此建构起一个又一个奇异、怪诞、隐秘和残忍的世界，实现了文本的真实。余华表示，生活是什么？生活是比文学要宽广得多的东西，我们只能用一种尊敬的方式把它给表现出来，而不是用一种傲慢的方式去表达。以前有一种说法叫文学高于现实，那是不可能的，那是知识分子虚构出来的。

余华上次来纽约是2011年，在这待了一个多月，围绕《兄弟》组成了很多场学术的讨论，我们整理了大概有六七个小时的访谈、口述史，这是很珍贵的资料，到时候会出版。《兄弟》写了两个20年，一共是40年的时间跨度，出版以后反映是比较……至少我在美国听到的负面评价很多。所以我想等我回国问问余华是怎么回事后再看这个小说，结果等我们见到的时候，正面批评的声音已经变得越来越多了。网上最早评价基本上是两种声音。这一派先骂把前20年写得太黑暗了，那一派再骂把后20年写得太黑暗了。然后把前20年和后20年串起来的是通过这两个兄弟，一个宋钢一个李光头。

李光头有句很有名的话，“即使生离死别我们也是兄弟”。这对兄弟一个是好人，前20年比较……不能说得志，当然也有很多辛酸、很多辛苦，但是活得比较像一个人，后20年是变得面目全非，最后连自己男性的性别都不能够维持。那么兄弟里另一个，就是李光头，在前20年是一个小流氓，没被抓进去就不错了，可是后20年飞黄腾达，成为刘镇的大人物。实际上前后20年和这对兄弟的不同，又形成了一个很有意思的对应的关系，戏剧性的关系。

我就想问余华，类似于“生离死别我们毕竟还是兄弟”，你是怎么考虑这个问题的，是不是把兄弟的这个关系拧到一个时间轴上？实际上是在讲中国的前20年和后20年，或者前30年和后30年，生离死别，但是还是兄弟，也就是说是没有办法打散的。我觉得这是一个非常有意思的处理方法，如果大的格局是这么理解的话，我觉得这兄弟两个人的形象都非常有意思，特别是李光头的形象，怎么来把握李光头这个人物形象，我觉得他是余华笔下最栩栩如生最有能量的东西，我相信这个形象以后在文学史是会流传下去的。但是最直接的问题就是时代之间的矛盾和兄弟之间的关系该怎么处理？

我经历了两个截然不同的时代，然后就想把它们写出来，这是一种欲望，再通过一种虚构的方式表达出来。我在受采访时就说，这是两个截然不同的时代，在中国也就40年，但是在西方，好比一个是中世纪，一个是现在的欧洲，四五百年的时间，中国40年就走完了。当时就有人说谁不知道这两个时代是不一样的，确实是，大家都知道，但是作家写作不是为了去发明什么，而是把他感受到的东西写出来，现在那么多年过去了，我可以说，像我这样写这两个时代的其他作者，好像还是没有出现。

《兄弟》在1995年前后就开始写了，因为那时就感受到当时中国社会的变化已经很大很大了，但非常幸运的是，我那时候没写完，写不下去以后就搁置了，直到了2005年才写完，我觉得这是命运对我的厚爱。假如我1995年写完的话，那时的中国社会和“文革”时期相比，虽然变化很大了，但到了 2005年来看，变化的规模还没有那么大。开始写这个小说的时候，我就有机会不断地出国去跟外国人打交道。他们的生活，我觉得听起来很有趣，但他们对我的生活很惊讶，说为什么那么不一样，因为“文革”那个时代，跟1996年的中国已经完全不一样了，所以他们会觉得很奇怪，我们怎么经历这两个时代的。

其实那时，我意识到了中国的变化，但是不敏感，我在感受这个变化时，有时候会麻木，并不觉得这是一个应该值得去书写的东西。但是和别人交谈的时候，尤其是跟一些对中国不了解的朋友交谈的时候，会促使自己发现，我正在经历的生活是很值得去写一下的。所以我想说的是阿拉伯的《一千零一夜》里边有一个故事很有意思，能够说明这样一个道理，它里边讲一个住在巴格达的富人，由于挥霍，坐吃山空，变成了一个穷人，然后他每天就梦想着自己回到过去富有的生活，有一天晚上他做了一个梦，梦里边走来一位智者，告诉他说“你的财富在开罗”，这哥们第二天就去开罗了，当年没有火车也没有飞机，坐着骆驼去的，长途跋涉到了开罗。

清真寺是不关门的，那些没有地方去睡觉的人，基本上都睡在清真寺，他就进入了富人区附近的一个小清真寺睡觉。那天晚上有三个小偷，去偷清真寺隔壁的一个富有人家的东西，警察赶来，他们就逃进了那个清真寺，结果警察也把他当成了小偷，一块抓到警察局去了。警察局长在审问他的时候才知道他是这么一回事，警察局长说“你这个笨蛋，我已经做了两次这样的梦，说我的财富在巴格达，梦里边有一个什么样的院子，埋在一个什么样的树下边，你滚蛋吧。”巴格达人听完以后觉得很像他家的一个院子，当他返回巴格达以后，在树下面发掘出了大量的财富。

这个故事讲了一个很普通的道理，其实我们每一个人都有丰富的财富，隐藏在那里，由于我们太熟悉周遭，反而不知道它的价值在什么地方，所以有时候需要离开一下再回来，或者说需要陌生化一下，再重新回来，才会发现自己拥有了多少财富，《兄弟》就是受这样的启发写出来的。

在小说里有些对话：第一，语言很粗俗；第二，互相的命名、指名都很到位。“你是个臭婊子、你是个禽兽”，而且最后也都直言不讳，“你害死了自己的丈夫”“可是你呢，害死了自己的兄弟”。所有人物、行动、行动的性质，都很直白，很赤裸裸地有一个命名。我想问余华第一个问题，在中国是不是一样东西该叫什么，就叫它什么，用曲笔或者美化，是不是一件很难的事？很多作家我感觉是做不到的，而文学第一步可能在命名的意义上需要到位。第二个问题，这样的一个戏剧场面，文学紧张的关系、冲突，它不是现实主义，我觉得没有人会认为《兄弟》是一个典型环境的典型人物，反映了历史的矛盾，它确实反映了历史矛盾，但不像托尔斯泰、巴尔扎克或者茅盾那样地去反映一个错综复杂的现实，它没有交代比如李光头是什么阶级的，宋钢代表哪个社会立场，林红在历史的重大关头她处在什么关键位置。但是读《兄弟》的时候，我有一个很强烈的感觉，这部小说是对中国现实的非常直接的再现。余华你作为一个文学大师，大师在什么地方呢？是在于惟妙惟肖地模仿了一个生活世界。一个作家对生活世界的模仿，非常像世界文学里一些经典作品，《堂吉诃德》呀，《神曲》呀，他对自己生活的世界有模仿，模仿不是直接的，不是一般意义上的写实，但是它确实是一种imitation（模仿），或者mimesis（拟态）这个意义上的。文学就是一种模仿，我觉得余华你在这个小说里学李光头学得特别像，虽然李光头是你创造出来的，但你通过模仿，把他在我们面前表现出来了。

旭东说得非常对，我在写李光头时很兴奋，只要这哥们一出现我写起来就更愉快，有几天没见，跑哪去了，很焦虑。这是我写作时的一种体会。宋钢从外地漂泊以后回来了，挣了一点点钱，然后林红去上海做处女膜修复手术也回来了，这边写一段，那边写一段，交叉前进，就在同一个时间里边，这也是文学让人感觉到有点无奈的地方，音乐的叙述最让我羡慕的就是和声，它不同的声部可以同时出现，但文学里还得有先后次序，我尽量把他们的节奏感把握好，就是宋钢这一段衔接到李光头和林红那一段，林红和李光头那一段又能够衔接到宋钢那一段，读起来更加顺一点。其实，这一段表现了一个作家对待写作的态度，有些作家，我可以说是90%以上的作家，遇到激烈段落的时候，遇到必须要有力量的段落的时候，他们是选择绕开，而另外的一些作家是冲过去。一个作家对待写作的态度，决定了一个作家会写出什么样的作品来。

李光头和林红跟宋钢都有很深的感情，宋钢因为他们而自杀的时候，他们肯定要有一个很激烈的冲突，这个冲突的选择自然而然就是用这样的方式，这个时候你还管什么文体啊、语言啊。就是把这种生活的状态，旭东说的是模仿，或者说模拟的这样一种意思，它不是那个意义上的，它实际是把生活的状态，用一种最活生生的方式表现出来，是比任何一种用语言去修饰的方式都要有力量的，这是旭东刚才所提到的写作中力量的问题。

我记得20世纪80年代的时候，海明威《老人与海》在美国出版以后，评论极好，评论家们都说，老人象征什么，大海象征什么，海明威就很生气，说老人没有象征，大海也没有象征，就鲨鱼有象征，鲨鱼象征批评家。后来海明威就把那个小说和那些评论寄给了他一个很信任的学者，就好比我和张旭东这样的关系，那个人住在巴黎，正在写美国艺术史，看完小说以后就说，老人就是老人，大海就是大海，但是正因为如此，所以他们无处不洋溢着象征。

当你想用一种象征的方式去写什么的时候，可能仅仅只是某一个角落里面的象征，但当你把一种生活，用一种最符合他的生活的方式表现出来的话，它就无处不洋溢着象征了。所以生活是什么？生活是比文学要宽广得多的东西，我们只能用一种尊敬的方式把它给表现出来，而不是用一种傲慢的方式去表达。以前有一种说法叫文学高于现实，那是不可能的，那是知识分子虚构出来的。

你刚才说关于生活本身，它的模仿构成了文学本身的力量，而不是虚构的。这里边刘作家、赵诗人，他们是知识分子型的作家，但最后都变成了李光头的雇员。我觉得一般读者可能会读出你对当代文学一般意义上的文学写作状态的一种理解。所以我觉得你的文学的真实性，是不是首先跟命名的真实性有关？

当年布尔加科夫写的莫斯科文联，我们一读怎么很像北京文联，可以说跟我们北京市文联几乎一模一样。旭东说到的是一个很专业的问题，也是很多人疏忽的问题，你写完以后他们会说谁不知道，他们会这么说的，但是你在写之前没有人会这么写，就是这样。每一个命名其实都和现实有一种对应关系，对于作家来说他不会随便去写，他肯定要考虑很多，就是为什么要这样写，为什么要有这样一个命名的方式，后面是有动机的。像那个刘作家，当然他是一个县城里边的小作家，因为写了关于李光头的报道，很多地方转载以后，他拿到了很多的汇款单，当然钱不多，几块或者几十块钱人民币，但他很得意，在大街上挥着汇款单，说天天都有汇款单，天天都要去邮局，做一个名人真是累。

刚才旭东一说，让我想起布尔加科夫写到的莫斯科文联里边的一个作家，得到了一次去黑海疗养一个月的机会，然后他见人就说“我马上要去黑海疗养一个月”。其实在我们中国的文学界还有在世界上其他的文学界里边，类似于刘作家以及那个莫斯科文联作家的形象比比皆是。我们中国还有一些作家，也出名了，他们有一个习惯是定期要去向领导汇报一下，最近又取得了什么成就。这都是隐藏在刘作家这个举动的后面的，代表了一大片。还有一个时代的命名，它也是很难的，因为我这里边，没有写到2000年以后，中国1980年代是在变化，但它变化的速度让你感觉像小河流水一样，而20世纪90年代你会发现像个火车，“呜”地就过去了。所以我在想，1980年代用什么样的东西来作为一个标志性的总结，这是很重要的，想来想去后来觉得是西装，因为中国人从中山装变成了西装就是1980年代，服装的变化，其实也代表了中国人对生活态度的变化，以及他们思想的一些变化。

我印象很深，我们中国那些做西装的，尤其在我们小县城里边原来是做中山装的，小青年结婚以后就开始穿西装了，做中山装的那些裁缝就改成做西装的，好像做得不是那么好。大量的日本二手西装和韩国二手西装，我们叫垃圾西装，涌进中国，我都买过一套。西装质量非常好，跟新的一模一样，穿在身上确实非常好。为什么我没有在小说里边写韩国的垃圾西装，而写的是日本的，因为韩国的垃圾西装胸口没有名字，日本的垃圾西装口袋上面都有他的姓，都绣在上面。当时我的日本翻译，饭冢容来北京，他穿着西装，我说“让我看看你的胸口”，他给我看，上面绣着“饭冢”。如果你仅仅是写西装，你要有生动的东西来表现，可以用一种荒诞的，也可以用一种夸张的，所以有了这个名字以后，我就能够写得很多，在他们穿上日本垃圾西装以后，得意洋洋，在街上互相问“你是谁家的”，我是松下家的，你是本田家的，他是丰田家的，汽车大王什么的。刘作家和赵诗人一个拿了三岛家的，一个拿了川端家的，互相还问，“你最近在写什么？”“我最近想写《天宁寺》。”“哦，那跟《金阁寺》一样的。”然后另外一个说，“你在写什么？”“我在写《我在美丽的刘镇》”，诸如此类。假如日本的垃圾西装没有绣着的名字能够让我在小说里发挥的话，我也不可能去写，虽然我觉得西装可能是一个最好的表现方式，我还是会放弃。小说叙述里的命名如何去处理不是容易的事，能否以很好的方式表达出来，这个非常重要，因为毕竟不是学术论文，它是小说，你要用生动的、有意思的方式给它表现出来。所以就是因为日本人西装的胸口绣了一个名字，谢谢日本人，让我能够把这段写完。

1990年代旭东已经来美国了，我就回想那个时候我看电视，基本上是看体育，换台的时候，电视里边全是选美。比如内蒙古有个电视台，有两个俄罗斯人来参加，就是国际选美比赛了，只要有外国人就是国际了。《兄弟》的斯洛伐克翻译，他们夫妻俩当年在中国留学的时候，去云南旅游，结果刚好在进行马拉松比赛，组织方看到两个老外非把他们拉进来，说“你们进来以后我们就成国际比赛了”。于是我就写“处美人”大赛，有处美人大赛的话，李光头可以选评委，评委是要给李光头交钱的，有几千个评委，只要交钱就是评委，最后装不下了，拖拉机都用上了。就是因为有一些戏可以去写，可以深入地把它写出来，把那个时代的东西记下来，比如最重要的终审评委都忙着睡觉去了，剩下的土包子评委坐着拖拉机投票特别认真，但是那个票不知道扔哪去了。中国的一些人批评说，这一段写得太恶心了，其实在1990年代我在换电视频道的时候，经常看到电视里边播一些电视剧，电视屏幕下的小广告都是治疗性病的，哪个哪个医院，全是这样，在电视里边，一边是延安，是大别山，一边是性病广告，我们当时就是活在这么一个时代里面。所以我不觉得这有什么粗俗的。

中国是一个很多事物混杂在一起的国家，高尚的和粗俗的东西往往在同一个事物里。我记得前年有一个外国朋友到中国来，他非常奇怪，进入宾馆的房间，看到茶几上放了一个烟缸，边上竖一个牌子“禁止抽烟”，这就是中国，给你一个烟缸，然后告诉你禁止抽烟。

下面有几位读者想问你几个问题。你刚才说你觉得生活其实更加有表现力，那你在表现的时候，你会具体描写一个真实发生的事情呢，还是把你在生活中很多的观察累积在一起？也就是说，根据生活中的现实人物，按照他的生活节奏和内容来写，还是自己进行一些重组和发挥？

这肯定是要经过处理的，你不能把生活里的东西照搬过来，其实真正值得你去书写的东西并不多，你看起来它东西特别多，但真正值得你书写的东西又特别少，生活给了你一个点，你从这个点再给它发挥出来，你是不可能照搬生活的，好比说我们生活中的对话，那个啰嗦，搁在小说里边谁看啊？小说里边的对话还是比较简洁的，相比生活来说，哪怕是中国的写对话写得最啰嗦的那个作家，也比生活中的对话要简洁得多，所以你肯定要经过处理。

我想知道，你近年来有没有什么创作长篇的打算，大概准备写什么样的内容和题目？

现在正在写。有两部已经搁置了很多年的作品，我就预感到如果我这几年不把它们完成的话，我可能这辈子不会再写完了。但是要把过去已经写的一半或者三分之一的作品再重新往下续的时候，还是蛮困难的，因为那个时候的情感和语言感觉都和现在不一样了。我觉得前面写的东西都很不错，但是继续往下写又很难，我想我这两年就咬咬牙先把这两个救活了再说，要不然它们真死掉了。

你的长篇《第七天》，在我看来风格跟之前的那几个长篇非常不一样，因为一开头，这个人就已经是死了的，这是很荒诞的一种做法，你平时还是写实的作品比较多一点。是什么促使你以这种方式来探讨这样一种社会现象，我看了第一章就觉得非常压抑，可能比看《活着》或者《兄弟》的时候感觉更加压抑。

这本书出版之后，出版商搞了一个广告，“比《活着》更悲伤，比《兄弟》更绝望”。一些对我熟悉的读者可能会惊讶，但是像张旭东这样的是一点都不惊讶，因为前者可能对我1980年代时候的一些文学作品不是太熟悉，像我的日本翻译就给我写了信说，读完《第七天》让他想起了《世事如烟》，我以前也写过类似这样的一个中篇小说吧，不止一个，好几个。

在写作生涯中，有没有碰到过什么评论，或者老师的教案，跟你原来想的实在差太多，根本受不了？还是说任何别人写的评论都可以接受？

我刚才指的是阅读的感受，而不是评论家的文章，这是两码事。我记得当时一个法国作家勒克莱齐奥（诺贝尔奖得主）来北京的时候我跟他有过一段对话，特别有意思。我发现中国正在发生或是发生过的问题在其他国家都有。他对法国评论家的要求很简单："你把我的书读完了再评论可以吗？"这是第一点。中国的评论家也是，大量的书还没读完就开始评论了。第二点是："你能不能对不同的作家有不同的说法？"因为我看到过有几个评论家，还是很不错的评论家，在评论截然不同的作品时用的话语是一样的，比如评论一个经典作品和一个网络小说的用语和结论是一样的，很奇怪。所以呢，这样的评论没有经过阅读，因为你首先要感受到什么，评论什么是其次的。我觉得对于一部文学作品最重要的一件事情是先学会去读，而不是去研究。你读了以后，觉得喜欢它，它给你带来了一些东西以后，你再去研究。而我们总是反过来，一上来就抱着研究的心态去读，这个它跟我刚才说的那个读，不是一个概念。

设问人：张旭东 纽约大学比较文学系和东亚研究系教授

吴克敬

吴克敬，1954年生，陕西扶风人，陕西省作家协会副主席。著有小说《五味什字》《草台班子》《先生姐》《羞涩的火焰》《状元羊》《手铐上的蓝花花》《墙隔墙》《烈士奶奶》《欲望的绳子》《痒》《绣花枕头》《青海湖》《红颜》《女人》《初婚》等。曾获鲁迅文学奖、庄重文文学奖、冰心散文奖、柳青文学奖等。《羞涩》《大丑》《拉手手》《马背上的电影》四部作品被改编拍摄成电影，其中《羞涩》获美国雪城电影节最佳摄影奖，长篇小说《初婚》改编成电视连续剧，在中央电视台和东方卫视、江苏卫视等播出。

坚持美的暖的正的精神追求

美的，暖的，正的，这是吴克敬关于文学的精神追求。在20世纪，他像许多年轻人一样，往文学道路上挤，希望通过文学改善生活、改变命运。在媒体为稻粱谋二十年后，他重返文学现场，与乡亲们“零距离”接触，以他们的苦乐为自己的苦乐，写出了许多名篇佳作，关注并发现普通人的精神向往。吴克敬表示，希望读者能从他的作品中感受到文学的力量，因为让人获得生命的力量是文学的根本。

在我的印象里，你的文学生涯有二十多年的中断，你从文学起步，以文学立身，却在人生的第一个巅峰时期离开文学，在媒体效力，恰值高峰，你却又选择离开，再一次投身文学。为什么？

人对文学的感情和对鸦片的感觉是一样的。按我的生活，我其实是愿意从事文学活动的。我小时候，当的是副业工，便偷偷爱上了文学。20世纪80年代，中国出现了文学热，我像许多年轻人一样，往文学道路上挤，希望通过文学改善生活，改变命运。

但是，文学并不能安身立命。

那个阶段，我是以敬畏的心情面对文学的。但今天看来，对于一个有志于文学的人来说，单纯的敬畏并不够。

我很早意识到这一点，所以，我选择了逃离。

文学是高贵的，我是以逃离的形式再次靠近她。我上了大学，先选择了改善生活，在媒体就业。逃离20年之后，我又一次返回。回头来再搞创作。我认为，我做好了准备。生活常常让人失望，甚至绝望，但有文学在，偏偏你又热爱文学，你从文学中就能看到希望和未来，文学有一只温柔的小手，能够抚慰人的心灵。所以说，文学可能没有生活丰富精彩，但文学却能让人活出一个人样来。人生没有没完没了的冤家，青春时的一些心理冲动又太狭隘了。如今，我与乡亲的感情是真正的“零距离”，他们的苦乐就是我的苦乐，更深知苦难和仇恨是难得的养料。所以我还要说，我们创作文学作品，必须懂得文学是为公器，不是私器，一个人走得再远，飞得再高，村子都在醒时的梦里。

这也许就是文学审美的一个根本性的问题。有些人嗜血，有些人逐臭，那是人家的选择。我不愿意这么做，我坚持自己的精神追求——文学是“美的，暖的，正的”，所以我就经常地告诫自己，美的、暖的、正的文学因素，以及文学材料和文学方向都很丰富，就看我们自己的眼睛了，当然还有我们的精神气质和趣味心态。

我听懂你的意思了，文学是高贵的。但接下来的问题是，我在你影响很大的作品里，比如《五味什字》《烈士奶奶》《状元羊》《欲望的绳子》《绣花枕头》，包括早期名动一时的成名作《渭河五女》里，也能够感受到你作品中大量的底层环境、小人物和作品观照的平民视角。贵族味道和平民视角，不冲突吗？

底层出身的人，对高贵的生活也有一种向往。他们的努力也不失为一种对高贵的追求。底层作家通过对高贵的追求，恰恰能够更容易地发现普通人的精神向往。从物质层面上看，这样的要求或追求并不高。但是，在心灵上的追求却永远是一致的。20多年前了吧，我曾写过一个小说《白土壕》，作品里写了一个高贵而卑微的母亲形象，为了生存为了拉扯（养活）自己的儿子，她可以冒着巨大的风险去偷，可以去偷生产队的树，但决不允许自己的孩子产生偷窃之念，哪怕偷一根学习急用的铅笔。

你后来在媒体呆了许多年，是不是有被耽误了的感觉？还有，相对而言，相比于新闻的短暂、客观、刻板与严谨，文学更讲究形象和个人感觉，可不可以说，这一阶段，你离文学远了？

其实不是。媒体生活更注重对日常的关注。我在这一阶段的生活，使自己对生活的认识、积累和升华，都进入了一个新阶段。事实上媒体生活有助于对生活的深度与范围产生更进一步认识，因为有了对日常生活的近距离关注的可能，你知道我在这一阶段写下大量的杂文随笔，一方面通过写作它们加深了我对文字的感情，另一方面，就如同媒体要直接面对读者一样，杂文随笔更多的是表达日常接触的事实。

你注意过么？许多经典，其实都很注意阅读对象的，它们都不会用高深的表达方式拉开与读者的距离。相反，它们非常注意与读者的呼应，这是经典留下的最大的优点。说了这么多，你觉得早前的作品，主要是小说，和自己晚近的作品比，有什么区别？

区别还是有的。

一是视野开阔了，作品里面反映的社会生活、背景都很广阔，人物也丰富了。《渭河五女》这个中篇之所以能够牵动人心，我以为最大的好处在于适时性和真实性。我想通过我的作品，让农村青年知道，生活不止高考一条路，只要自己努力，会有新的道路出现在自己的脚下。我就是这么安慰自己，也鼓励自己，并坚持不懈地向前走着。进入2007

年以后，情况有了大改变。譬如获得鲁迅文学奖的中篇《手铐上的蓝花花》（发表于《延安文学》，后被《小说选刊》《小说月报》和《新华文摘》转载），专家如此评价：“千古一曲信天游，新旧两个‘蓝花花’。深厚的地域文化，浓郁的陕北风情，奇幻的故事结构，冷峻的批判精神，构成了《手铐上的蓝花花》独特的艺术魅力。陕北女子跌宕的生命际遇、执着的人生追求和天然的高洁人性，像黄土地上的民歌，感人肺腑，动人心魄。”

二是作品更多了理性，相对的，情感因素少了。我在后来的部分作品中，对生活的冷酷、无望开始重新认识，例如《手铐上的蓝花花》，这种人物、结构、命运，是我有意的。其实注意观察会发觉，世界上有些进步的发源地是在监狱，世间有多少美丽的心，多少真诚的情感都是在手铐上。所以我不敢说阎小样从监狱出来能不能得到自己应该得到的，能不能把自己的心安顿在一个地方，这是一个永远的主题。

还有，比如你熟悉的《五味什字》《状元羊》，写了羊，但却不是羊，是成了状元、成了精的羊，透过人生价值观发生的变化，写对“三农”的态度，是很日常的，就是通过这种日常生活来反映世道的变化。有时候写得很心酸。这些人，是小人物，他们是生活里最不为人尊敬的一类，但是却因为偶然事件，例如因为羊，因为羊被评成“状元”，命运突然发生了巨变，羊为主人带来了荣誉，人的人格得到了也许是有生以来的第一次尊敬。

三是作品里有意识地追求着自由、民主。人的素养素质高低决定着人对自由民主的认识程度。我的作品里写了大量的各级干部，即便是反面角色，他们也不全是坏人，有些甚至还蛮有人情味，例如《五味什字》里的一位领导干部。中国的自由民主意识水准，常常体现在干部们身上。但他们到底怎么样呢?

短短数年间，你的作品被大量一流刊物刊发转载，包括《新华文摘》《小说月报》和《小说选刊》等。这是否意味着，你的创作迎来了一个黄金阶段?如果是这样，又是什么原因?

对于一个作家来讲，拥有所谓的黄金期，是重要的。但创作的黄金期并没有规律。四十岁前后是黄金期，这是对一般人而言的。有些人年龄更小，有些人则年龄更大一些。我个人的感觉是，生活给予你的，你在人生的前半段没有获得表达机会，你在人生的后半期则一定有机会表达。小说尤其是长篇小说，必须要经过漫长的人生积累，因此常常会是这样，写得早不一定写得好。以《状元羊》为例，如果放在现在来写，可能会更好。

这些年来，我做梦都想着要表达，要写好小说，事实上，写小说对我来讲，是一件快乐的事。在别人眼里，看到我这几年创作的迸发，可能会有“积累”“勤奋”等等的猜测，但我最清楚内中隐情，最主要的就是想表达，不吐不快。

大家都知道，你和路遥、陈忠实他们，几乎是一前一后成长起来的，因此具有更多的共性。和陕西作家群其他作家比，你觉得自己和他们的区别在哪里?

陕西作家里，路遥、邹志安我是喜欢的。他们在文学创作上，都是玩命的。但是和做任何事情一样，过与不及都是有缺陷的。他们玩命创作，留下了大量脍炙人口的作品，但都因过度支出，最终伤害了自己的生命，这是我不能赞同的。

陕西文坛的领军人物，陈忠实与贾平凹，他们各有建树，各有千秋，是值得研究的。我和他们比，有自己的特色，一些评论家，比如李星先生就曾说，我把柳青的一些东西继承下来了。这在我可能是一种不自觉。因为我注重的一直是个人对文学的表达。作为关中汉子，陕北这块地方值得人去发现，而且对于我来说这种陌生的环境和文化更具有吸引力，陕北情结使我永远有一个新鲜的面孔。后来写出的这四篇作品都离不开信天游……这四个中篇我最喜欢《拉手手》。

有了这些历练和认识，是不是意味着，你对生活的观察比他们更通透？

不敢说，但在我的作品《死去活来》《珍藏的父亲》里，我努力体现着这样的努力。

如果要总结，你文学创作之路上的关键词，如农民、农民生活、有知识的农民，你认为应该是哪一个？

有很多，比如你说的，农民、农民生活、有知识的农民，都对。我要补充的是，美的，温暖的，正气的，应是我创作的关键词。我一直认为，文学艺术要给人传达一种美。这是考量作家水准的一把尺子。好的作品，例如中国的经典作品《红楼梦》，作品处处渗透着美，美几乎无处不在。我的生活经历决定了我在自己的所有作品里，都试图张扬美，传达美。

从乡下到城里，从没有文化到成为文化圈里的一员，我的成长经历里有过许多苦难。我的家庭，孩子多，我排行最小，为了生存，我奋斗过，也见识过生活的残酷和人性的丑陋一面。但也感受到了美和温暖，母亲和姐姐们，她们闪现在灰色生活的长河中，很美，她们就是我创作中美的来源的一部分，是最重要一部分。

我个人认为，从艺术角度来讲，能否传达美反映着作家创作水准的高低。这就是我为什么在作品中，总是把脏的、丑的东西，自觉地处理掉、掩埋掉。这是作家的另一重责任。例如，羊屎蛋是不会美的，装饰得再好，挂起来也没用。

从《梅花酒杯》里能看得出，你一路走来，取得今天这样的成就，还是有贵人相助的，换句话说，谁影响帮助了你的创作？

影响我的人，正如你所说，第一个是《梅花酒杯》里的蒙万夫老师。蒙先生是我在文学上的领路人。但是，恰恰是蒙老师，对我在生活方面的关注大于写作。认识他的时候，他快50岁，正是风华正茂的时候，我也才30多岁。他是西北大学作家班的老师、班主任，我是刚刚步入文学创作之途的后辈。蒙老师是个真诚的人。

“我有太多的泪水，像这晶莹的酒浆一样，在眼的湖海里涌动、流出，清清亮亮的一滴，竟溅进了我面前的那杯酒液城，溅了一声惊心动魄的声响。”这是你的句子？

可以说，我们认识的几年里，蒙老师一直真诚地关注我，倾听我。我在扶风农村的时候，他写信让我上作家班，充电提高。之前他看过我的小说，很欣赏一个陌生的乡下青年的才华。我很感动，那完全是一种超出私人感情的知遇之恩。蒙先生的这些近乎痴愚的举动，却恰好反映了作为好老师惜才的高贵品质。遗憾的是，我进校不到一年，蒙先生就去世了。我在《梅花酒杯》的文章里写了我们的最后一面，“原想他是又要和我喝一场了。可蒙老师并未久留，只说他过几日要和路遥诸君去一趟铜川，‘酒先放在你处，回来咱把它干了’”。没想到，此一去，成永诀。

蒙老师在你的作品中，也化身成了一种美？

是呀。回到上面的话题，蒙老师这个形象体现的美，也是我追求的。

有意识把蒙老师写成美的化身？

蒙老师和我短暂交往，却教给了我许多，例如，蒙老师说，柳青的素养无人可及。蒙老师说，柳青懂五国语言还有关中方言，有了柳青，陕西才有了小说。

今天想来，蒙老师的话是何等有见地呀。

蒙老师以外，还有吗？

第二位是《当代》杂志社的朱盛昌先生。我第一个产生较大影响的中篇作品《渭河五女》，初投陕西刊物《绿原》。稿子寄去许久，编辑回信，说了"多读书，多深入生活"等等原则性的空话。后来稿子转投《当代》杂志，最后到了朱盛昌先生手里，受到了肯定。稿子刊发在1985年第3期《当代》杂志的头条。

我和朱先生，虽然见面不多，但我还是从心底里佩服他，佩服他作为一个优秀编辑的眼光。后来有机会去了北京，朱先生还请我去吃饭，并且送了我一套人文版的《金瓶梅》。

至今想起来，和朱先生交往的往事，还很温暖人。

蒙老师和朱盛昌先生以外，还有吗？

其实还有许多。比如《小说选刊》的秦万里先生，他是当代著名作家秦兆阳先生的儿子，万里先生为人很真诚，我们在一起，他常讲文坛上许多掌故，笑话，常让人捧腹，他对我几年来的小说创作多有肯定，并给予了大力支持。事实上，类似的朋友还有很多，包括陕西的雷涛、忠实、平凹等等，他们都是我的好朋友，在我的成长路上多有扶持，我从内心还是很感激他们的。

"无论小说和散文，都事关社会痛痒，有着深刻的忧患意识，但却又不失旷达善良的心性，笔端满是温暖，在讲述的故事里，蕴籍缠绵，情味悠长，使我们看到了另一种生活，品味到别一种滋味。”贾平凹先生的话，说到了读者的心里。改编自《初婚》的同名电视剧在央视热映后，接下来，又在东方卫视、青岛卫视、郑州卫视，以及辽宁卫视、陕西卫视热播。我想就你创作《初婚》的想法跟我们谈谈。

《初婚》出版正值改革开放三十周年，我在回顾三十年发展成果的基础上，有了一个文学表达的冲动。我是这样想的，一个人初婚的蜜月时间是多长呢？这很好说，亦即三十天时间。那么一个国家呢？在确定好一个新的成长方向，也就是轰轰烈烈的改革开放，其“蜜月”期三十天自然不够，非三十年不足以论其成就。在我动笔时，我们已经自豪地看到了改革开放的伟大成就。但要文学的表达，我就只能浓缩在古周原下渭河边上的一个村庄里，以三位新嫁娘嫁入村子来的生活为基础，来展开写了。

写完《初婚》到今年又是多年过去了。我们伟大的祖国实现了站起来，富起来，强起来的辉煌变化。在这样的背景下，曲江丫丫影视公司改编拍摄了《初婚》，在央视八套及多家城市电视台和卫视台播出，是及时的，更是适时的，作品既是对改革开放的颂扬，也是对继续扩大改革开放的期待。

《初婚》与改革开放相辅相成，也见证了改革开放带给人们生活的发展变化，这也是你对于这个时代思考下的伟大著作。请你向大家分享一下，对于改革开放这几十年，你的最大感受和你对《初婚》这部电视剧的最大期待。

像做梦一样。而且不会只是我一个人这样感受，而应是全体中国人共同的一个感受。正如习总书记提出的那样，全面实现中华民族伟大复兴的梦想。这梦想就是我们今天高呼着的中国梦，我们在脚踏实地地实现着，我们已经部分地实现了，我们将坚定不移地要全面实现。改革开放到了今天，不可避免地步入了深水区，我们有坚强的党中央领导，我们不畏困难，一定会取得改革开放更大的成就。《初婚》的播出与修订本再版，权做是对改革开放的伟大事业奉献出的一块砖、一片瓦。

你近四十年，笔耕不辍，创作出了大量优秀的作品，可谓陕西高产的实力派作家之一，也荣获了不少奖项，不少被改编为影视作品，这些作品都源自生活，也在描写生活，你最喜欢的一部作品是哪部？让你这四十年笔耕不辍的最大动力是什么？目前你还在酝酿或创作哪方面的作品？

手心手背都是肉，是我自己的娃娃，自然都爱了。不过，谁能把一碗水端平呢？要我说，最喜欢的可能是我接下来写的作品吧。尽管我对我在百花文艺出版社出版的《知道》一书还比较满意，整部书通过“时间知道”“生活知道”“心跳知道”三部分，探索了“得到容易知道难”这一哲理意味的问题，但我还是期待我接下来的写作，在质上会有大的提升。写作不是劳模干的活，要有自己的面貌，更要有自己的建树。我生长在古周原上，古周原是中华文化、中华文明的本源地，从今往后，我将扎根古周原，写一部我自己安心，读者满意的长篇出来。

你经常调侃说，你是“西府最好的木匠”，现在回想起“制木读书”的那段经历，有没有什么特别感触？西北大学进修结束后，你又从一名一线记者成为了副总编辑，因为职业发生了变化，这段时间应该让你对社会和人生有了重新的审视与思考，也让你的创作进入了一个高峰期，请你谈谈这段时间自己创作的变化。

我还是个木匠。直到今天，我依然会在闲暇的时候，捉起我心爱的木匠家具，做一会儿我热爱着的木器活儿。我高兴我是个手艺人，放下木作，拿起纸笔写作，可也是个手艺呢！木作与写作，没有贵贱之分，都是我心爱的手艺，把自己的手艺磨练好是自己的本分。在此期间，我幸福快乐地在《咸阳日报》和西安的两报有过近二十年的工作学习，我写了几篇这方面的文章，我把我工作学习过的报社，称之为我的精神故乡。我不敢想，如果我没有在《咸阳日报》《西安日报》和《西安晚报》工作学习的经历，我会有现在的成就吗?

我感谢西北大学对我严苛扎实的培养，让我还幸运地签为西北大学首位驻校作家。我感谢《咸阳日报》《西安日报》和《西安晚报》对我全面的滋养，我还需要精神故乡的支持与帮助。

文学创作应该是一个很快乐、很享受的过程，在这个过程中你肯定有很多难以割舍的情节，能为我们分享一下你在创作过程中，至今仍能勾起深刻记忆的一两件小情节或小故事吗？同时，作为省作家协会副主席、西安市作家协会主席，你对现在的青年作家有什么话要说?

“拉住时间的手，做时间的朋友。”2007年我从《西安日报》离开，投身于文学创作，最先给我启发、给我灵感的是时间。时间白发苍苍，胡子老长，时间知道一切，他无声而坚定地指导着我，让我不至于太糊涂，始终不渝地坚持美的、温暖的、有正能量的写作。一位锒铛入狱的女子，一位诙谐幽默的侏儒，于我创作之初，顽固地占有了我的思维。我必须老实说，他俩是现实存在的人，我见过他们，与他俩都有接触，我不想让他俩失望，更不想让他俩绝望，我与他俩共歌哭，我为他俩描绘未来……文学最根本的是要让人从中获得生命的力量，而不是别的，譬如血腥残忍，譬如肮脏丑陋。

年轻作家遇到了一个好时候，他们才华横溢，他们激情满怀，他们时日充沛。关键是，选择对创作的方向，选择好写作的目标，沉下心来，“像牛一样付出，像土地一样奉献”，天地不会辜负你，你自己更不会辜负你。

你是一位爱读书的人，肯定有很多的读书心得和体会，最后，请你对现在的年轻人讲讲如何读书，该读什么样的书，怎样养成良好的阅读习惯。

读书使人智慧，读书使人富贵……读书的好处太多太多。但是读什么书？确实是个问题。我们今天，许多人读书只是为了热闹，不分有用没用，只要热闹就读。这是可悲的。我们读书，唯一的目的就是为了知道我们不知道的道理，知道我们不知道的真理，以及我们应该知道的一切使人成长、使人进步的东西。

我从我读书的积累来说，那些为自己的成长，为自己的进步打基础的书是最要认真读的。中国传统文化中有许多为人打基础的书籍，四书五经、还有《史记》《吕氏春秋》等等，无一不是为人打基础的书，我们读了的人要继续读，没读的人应补上这一课。

设问人：刘小荣 作家，资深媒体人

王婕 《咸阳日报》记者

张　炜

张炜，1956年生，山东龙口人，中国作家协会副主席。主要作品有长篇小说《古船》《九月寓言》《刺猬歌》《外省书》《你在高原》《独药师》等二十余部，出版有《张炜文集》四十八卷。曾获茅盾文学奖、百年百种优秀中国文学图书、世界华语小说百年百强等奖项。

因为获奖而慌是可笑的浅薄的

张炜在谈及《你在高原》时表示，写完这本书他花了整整二十二年，对他来说是非常辛苦的文学马拉松，是一个字一个字地填在格子里，经历了无数不眠之夜，跑了无数地方，流了很多眼泪和汗水完成的作品，“我永远不相信，几百万字的作品会抵不上我个人的一部单行本，当然每一部书都有自己的生命和意义”。

《独药师》的故事发生在清末，主人公以实业所得支持同盟会推翻晚清帝制，被称作“革命的银庄”。清末时期，有不少实业家投资革命，如张静江，是江南丝商巨贾之家，他也被称为“革命圣人”。你如何看待他们在历史舞台上的选择？

辛亥革命史研究者常常提到的“南黄北徐”，“南黄”是黄兴，“北徐”却很少有人知道他就是徐镜心。《独药师》的主人公原型徐镜心是孙中山的战友，共同于日本发起了中国同盟会，归国后身负重要使命，以烟台和龙口为大本营，往来于广大北方地区，发动革命，组织大小起义无数，最后被袁世凯杀害时年仅四十岁。孙中山一生仅为一个企业题过词，即烟台的张裕葡萄酒酿造公司，因其老板系南洋首富，为革命党人提供了巨大资助，被誉为“革命党的银行”。资助者对革命党慷慨，我想是因为政治立场的原因。

在革命年代，无数百姓的命运自是和家国命运紧紧连结在一起，无名和有名之辈都被卷入历史长河之中，其中不乏可歌可泣的英雄们。那么，作家在面对先烈时，怎样才能留下不被忘却的纪念？

我作为一个半岛人，常要面对这里的“神迹”与“血迹”，为一代代奋争者而感泣。徐镜心好比革命党人一把最锋利的宝剑，是刺向中国封建王朝的利刃，为中国革命史留下了一道深痕，后来被国民政府追认为“革命大将军”。翻阅史料时，令我惊异的是，将一生所有热情与精力都贡献给了革命的先烈徐镜心，这位从史实上看几乎无时无刻不在筹划起义大事的壮怀激烈的首领，竟然还于百忙中写了一部《长生指要》。这使我晓悟：革命先烈内心深处仍是极为珍惜生命的。他的半岛战友牺牲甚多，如王叔鹤就被清兵凌迟于龙口。救死扶伤的怀麟医院医生护士们，普伊特及艾达，还有走向革命与新文化运动的崇实学子们，都不该被我们忘记。这些真实的人物后来分别在《独药师》一书中化为“徐竟”“王保鹤”“伊普特”“艾琳”“季昨非”“陶文贝”等重要角色。

为一代奋斗者书写，记下这些可歌可泣的人和事，对我来说是一个无法推卸的责任。写不出他们以及那片土地，也是我内心长期不安的一个原因。新文化运动和那场革命仿佛远去了，但纪念却是永存的。在这纪念中，我们尤其不应忽略一些核心地带的核心人物。只要打开了那部封存的历史画卷，我们就会听到振聋发聩的人喊马嘶。

《独药师》是你获茅盾文学奖5年后创作出的新作品。评论界必定会拿过去的成就来做比较，你怎样看待文学奖项与创作之间的关系？

对于任何奖项，作者都应该看作一次鼓励。世界上还没有什么文学奖，能够对写作者的生命品质和作品的实有质地给予改变。如果把得奖当成了某种可信赖的文学标准，那就有点傻和有点蒙了。有影响的奖项可能具有大一些的广告效应，但作品质量则是原本的、不会改变的客观存在。

你如何看待部分读者因作家获文学奖开始跟风阅读的现象？

作者自己或读者，因为某个人或某个作品的获奖，而慌到失去了面对文本的能力，那是可笑的，也是极浅薄的。影响再大的奖项，对于文学劳动的性质而言都不是什么大事情。心灵之业既是激越的，又是自足的和安静的。

作为1950年代生的作家，你写小说已长达四十余年，这么多年的辛苦写作是越写越顺了还是越来越难了？每位作家都希求在创作中寻找属于自己的语言，这个过程，你是如何探求的？

写了四十余年，我人也足够苍老了。一部作品写得越是让自己满意，越是拥有读者，超越自己也就越是困难。等于往自家门前摆放了一块很大的石块，摆了越多的石块，要出门就越困难了。这里是说，不能重复原来的故事，原来的形象，甚至语言都不应重复。一个作家是要追求个人的语调，就像我们听音乐，要进入这个音乐，就要找到音乐家自己的“调性”。一个作家找到自己的“调性”是很不容易的，就是所谓的形成个人的语言艺术。另外，还要产生起伏和变化，老一个调子下去，就完不成新作品了。好的作品会有不变当中的变，这包括语言。“不变”是作为作家长期养成的个人总语调，但是具体到一个作品，为了适应这个作品的时代，人物以及叙述的需要，还需要走入一种全新的语调。我们知道文学是语言艺术，输掉语言，这个作品什么都不是。我们经常听人讲，说哪个作家写的作品很好，就是语言不好，这肯定是外行人说的。语言不好怎么会是一个不错的作品？因为一切都是通过语言来抵达的，它无尽的意味，神秘的造境，所有微妙的东西，都在最小的语言单位里面实现。

我们讲文学阅读，现在往往被扭曲了，成了一般化的文字阅读。阅读文学若混同于一般的文件报纸的翻阅，是进入不了文学的。我觉得遇到的最大困难，就是找到这本书独有的语言的“调性”。这个对我来说是一次很大的挑战。很多粗糙的作品，往往都是作者凭借自己写作的惯性往前滑行的结果，那是最无趣的。一个优秀的作家非常厌烦重复自己，而是要挑战新格局，新境界和新故事，找到崭新的独异的语言，这种工作是多么幸福和享受。如果把写作想成高智力活动的话，挑战越有高度、越险峻、越陡峭，也就越有刺激，个人得到的心灵回报也越大，这就是很高的享受了。

你曾说你受齐鲁文化滋养，但还是齐的文化影响比较大。在你的记忆中，这里的生活环境是怎样的？

在记忆里，16岁之前的生活环境是一片未经雕琢的大自然。茫茫无际的丛林、荒滩，人工痕迹很少，它对生命的塑造、世界观的形成、审美力的培养和未来的文学道路都有决定性的影响。

在你看来，齐、鲁之间在文化上又有何不同？

一个人文学品格的养成离不开狭义的文化母体。齐文化充满放浪、自由、幻想的精神气质，在我看来它更接近于文学本质。我出生在齐鲁大地，这里的大自然蕴化的一切不可能不影响和决定我的一部分精神内容。但外边的人通常分不清齐文化和鲁文化，这两种文化既有互补性，也有对抗性。

文化的积淀滋养了你怎样的文学审美？

我的很多作品都源于齐文化这个流脉。很多人问，作品为什么表现那么多奇遇。我不是为了表现传奇而写传奇，而是过去的生活经历所决定，提起笔来一定要写到这些内容。无边的树林、无际的大海、很多的岛屿在飘摇的海雾里浮动，这里从古至今都流传着神奇的传说，这些传说被如实地记录下来，肯定就有了传奇色彩。另一方面，并非一切的“荒诞不经”就一定是虚假的，一定没有现实意义的。

如实地记录生活对当下的文学创作有着怎样的意义？

如实地纪录传奇生活，对今天的数字时代是很重要的。我们生活在物质化的社会，需要想像，需要回忆昨天，这种回忆能起到反哺作用。能让非常现实的当代人，在对大自然的无限留恋和回忆中去重新塑造自己，乃至自己的生活。这是文学创作的意义之一。

你曾说，这些年来最爱看的两本书是王献唐的《山东古国考》和李白凤的《东夷杂考》，一度无论出差到哪都要带着这两本书。通过阅读这些地理、历史书籍，作家在创作上是否会更扎实？

山东东部有一条河，南北连接了胶州湾和莱州湾，称之为“胶莱河”，河东地区即为“胶东半岛”。这里美女如云，还以盛产黄金和水果闻名于世，春秋战国时期曾为富裕的齐国腹地，属于拥有渔盐之利，最早掌握了丝绸与炼铁技术的强大东夷族。李白向往的居住了仙人的瀛洲就在这里，诗人游历之后，感叹“烟波浩渺信难求”。古往今来因为财富争夺、寻仙问药，这里终成为一片交织了神迹与血迹的土地，上演了无数壮阔的悲喜剧，令人不胜唏嘘。这次写作，仍然要理解这片土地的历史与常识。

读你的文字非常顺畅，这次你基于真实人物和事件进行创作，可否称为“非虚构”写作？你认为非虚构会不会降低了一个作家的想象力？

我所有创作都依据了真实，但没有采用“非虚构”的写法。我一如过去，只是从真实中拓展想象、加以想象，大概世上所有好的创作都是如此。依据真实，只是为了让想象更加灿烂，而不是相反。

在这部作品里，你用细腻的笔法描写了四段情史，且占全书大半笔墨。对此，有读者表示看得“脸红心跳”。这是否是你想要迎合读者的一个体现？

写作者常常有个误解，就是要“迎合读者”。写作是一种心灵之业，要始终听从心灵的指引，更是追求真理的一种方式。如果总是想着讨好什么人，哪里还有自己的艺术？利用公众趣味投机取巧，这对于一个写作者而言，是可耻的。迎合读者，讨读者的欢心，只会是卖掉自己，走机会主义的路，让写作变平庸，堕落下来。不倦地追求真理和艺术，才会是有意义的人生，才会对人类有所贡献。读者不等于真理和艺术，虽然也不必把这二者对立起来。

你如何看待诗性写作与市场之间的关系？

《独药师》是沉浸在思想和诗意中的写作，无论如何，它在努力追求真理。这部书对我是极重要的，因为它凝聚了我的心血。我的所有作品特别是长篇小说，都是全力以赴的结果。我的生命力在作品中得到了尽力挥发，从未草率行事。每部作品的创作，其实是人生唯一的一次机会，这个认识的底色是严峻的。放松和游戏的文字对有些人、对自己在某些时刻尽管也是成立的，但那只是外部看上去如此，其内在的底色仍然不会改变。所以诗性写作与市场无关，虽然它也极可能拥有一代代读者。纯文学永远是拥有最多读者的，但要放长了看，要在时间中积累。

《你在高原》曾获茅盾文学奖，这部作品达到450万字，是题材很宏大的创作，但读者却并没有因此减少。你怎样看待如今长阅读和短阅读在读者中间泛起的波澜？

有很多人仔细阅读了《你在高原》，这让我有些感动。这部“大河小说”的读者写下了若干长长短短的文字与我交流，这是自《古船》和《九月寓言》之后最让我始料不及的事情。以前我以为他们没有时间，只读其中的一两部已经相当不错了，事实上却不是这样。而今的读者已不同于20世纪80年代了，那时候的作家写出一部有影响力的作品，会收到许多“读者来信”，而现在这种情况已经不复存在。但是《你在高原》的阅读反响一直持续到现在，几乎每月都能收到一些关于它的来信。另外，关于它的评论也比较多。读着这些文字，作者自己会觉得进入了一场深入的交谈和讨论，不由得要品味人生与劳作的意义。

不难想象，这样宏大的巨著是会消耗你多年心血的。那么，是什么样的意志力和追求支撑你要创作下去？

创作《你在高原》时，我刚好30岁。30岁是一个人的野心、意志、体力等诸种元素汇聚在一起的阶段。在这种状态下，我才有了创作“大河小说”的工作计划。工作量是巨大的，需要消耗大量的体力、智力和时间。刚开始，我准备花10年时间。但10年过去了，我发现根本不可能完成，又拿出10年，结果发现还要更好地打磨，又花费了2年才完成。整整22年，这对我来说是非常辛苦的文学马拉松。这部作品是我一个字一个字地填在格子里，经历了无数的不眠之夜，跑了无数地方，流了很多眼泪和汗水完成的作品。我投入了大量热情和工作积累，我永远不相信，这450万字的作品会抵不上我个人的一部单行本。当然，每一部书都有自己的生命和意义。

其实它在出版时还压缩了60万字，今天看，如果将其中的30万字加上，全书会更好。我说过，这样的书最好不要有太多的专业“习气”，有一些不修边幅的气质将会更好。个别人只看到了它的“长”，而不太去想一个人花上22年意味着什么。这是包含了最多内容的一部“大河小说”，就我来说，是不可重复的巨量工作。要了解更复杂的现实和精神以及人性的诸多方面，关于它们的深入大胆的纪录，就同一个作者来说，当然还是要读《你在高原》才行。

这样的巨著未来还会继续创作吗?

我不会继续写这样的“大河小说”了。这样的长卷只有在特殊的原因、特殊的理由之下才会去做。《你在高原》原书有610多万字，是出版者出于多方考虑，在我同意后才删成时下这样。它是我创作40多年来最重要的作品。可以说，直到生命的结束，我再也没有机会和力量投入这么巨量的劳动了。当我把作品写完后，长长地松了一口气，觉得我对得起自己的青春和文学生命。

我如果不写出这部所谓的“大河小说”，也许一生都不会安宁。但我以后大约只会写篇幅不太长的作品了，因为对于写作者来说：能写成短篇的，绝不要写成中篇；能写成中篇的，也绝不要写成长篇。这是所有好作家的守则。我几十年来一直坚持这样的守则。

你曾在“万松蒲演讲稿”专栏里，以《势利眼》为标题著文章，痛斥那些变成势利眼的作家，称他们是“恨不得一把将钱从读者手中抢走的写作人”。面对这些“精致的利己主义者”，你在创作过程中，如何摆正自身的位置，写出“让人安静的书”？

我深知写作是心智活动，是心灵之业，是无关乎市场的，更无关乎各类文学评奖。这不过是一个最基本的认知，但一个写作者要明白也不容易。不过再明白，也要不断地巩固这种认知。因为有了这样的认知，才会有真正意义上的文学创作，也才会安静。

你说，真正优秀的人都在安静的角落。比如你曾推荐的万松浦书院的陈占敏，相信在文学的角落有众多像陈占敏一样的创作者。他创作时间比你长，但知名度却没你高。你如何看待这类作家的存在？

大音乐家们和通俗歌手们去比一般意义上的社会知名度，那是文不对题。陈占敏们是美声唱法，进入他们的门槛相对较高，这才是正常的。作品的精神力量应该来自活着的信心和意义。这信心和意义丧失的时候，其余也就全都没有了。荒芜的人生是值得怜惜的，但我们每个人都不希望走到被他人怜惜的这一步。人的写作和其他工作，无不具有这样的意义。

目前青年作家创作环境恶劣，受到生存的、市场的挑战很多，对于他们应该如何坚守，你有什么经验和提醒？

任何时代都有新技术（比如网络）的产生，这看起来仿佛是大事，其实是很小的事。我是指比起一些更根本的事物，它们往往是很小的东西。人的眼界放远之后，对技术上的“飞速”发展，就会觉得很自然很平淡。这没有什么。人类可能永远都要面对“天上的星空，心中的道德律”，就此来说，新技术对只顾眼前得失的“物质人”干扰很大，对“心灵人”来说，它们大多数时候是可以忽略不计的。

你一手创办“万松浦书院”，可以说为齐鲁新作家的培养付出了大量心血，是青年作家的伯乐。你如何看待现代书院对于当下中国文化发展的意义？传承书院的优良传统，文化人在其中如何身体力行？

传道授业，知识分子要有这样的恒念和理想，这是书院得以长存的根本原因。社会需要有深度有理想的教育，而一般的教育机构及教学设计不能完全满足这种需要。对于中国教育而言，无论是过去还是今天，书院教育都不仅仅是其他教育形式的某种补充，而是不可或缺的，是极为重要的另一个方面、另一片天地。看看中国的几大著名书院出了多少左右和影响中国历史的人物，这个问题也就清楚了。一些书院的主持人（山长），直接就是文化巨人，他们对于拨动一个时期的文化心弦，对于中华文化的传承，都起到了功不可没的作用。可以说，没有书院的文化培育，就没有我们所知道的今天这样一幅中华文化版图。

万松浦开坛十四年了，基本上达到了原来的设想。当年觉得中国的大批量常规教育之外，还需要书院这样的个性化教育。面对少数人施行的特殊教育，在这个时代是有意义的。教育和其他事物一样，许多时候也有个多元并存的生态问题。需要注意的是，书院不是搞一点建筑，花一点钱请人讲讲学、存一些书，取一个名字挂上一块牌子，更不是将过去废弃的书院从外形上恢复起来，这都不是书院。书院的三个要素（独立的院产、主持人、独有的理念）中，最重要的还是主持人。这个人必须稳定持久地与书院结成一体，有知识学问资格，更重要的还要有自己的学术理想与人文情怀，有自己的世界观。有了这样一个人，其他都好办。

钱穆的新亚书院当年在香港困难极了，门面毫不堂皇，租了几间房子，学生躺在楼道上睡，照样对中国文化做出了极大贡献，培养出了一些重要的人物。现在建书院的实在不少，其实几乎没有什么真正的书院。风雅一下取这样的名字，为这个雅兴花一点钱，这个太容易了。这反而是有害的。万松浦书院的正式院长不是我，我是名誉院长，人家作为一家国家事业单位领导班子齐全。书院的个性教育、深入偏僻角落的探索功能，顽强的人文坚守，应该对现代教育的批量生产和技术主义有所启迪。书院也应该有吸引一般大学师生的功能，二者交融起来，以便相互得益。特别是中国传统文化，书院应该重点研究重点传播。

设问人：李金哲 《青年报》记者

张　平

张平，1954年生，山西新绛人。主要作品有《祭妻》《姐姐》《凶犯》《孤儿泪》《红雪》《法撼汾西》《天网》《抉择》《十面埋伏》《国家干部》等。曾获茅盾文学奖、全国优秀短篇小说奖、赵树理文学奖、庄重文文学奖、金盾文学一等奖、全国"五个一工程"奖等数十次文学奖项。由《凶犯》改编的电影《天狗》，曾获金鸡奖、百花文学奖、华表奖、上海国际电影节金奖，由《孤儿泪》《红雪》《法撼汾西》《天网》《抉择》《十面埋伏》《国家干部》改编的电影电视剧，曾八次获全国"五个一工程"奖。

任何社会圈子有至痛也有至爱

无论在何时何地，无论是求学和写作，还是担任副省长，张平对文学的热情从未减弱和消退。在张平心中，官场腐败带来的那种腐朽的生活，必然会在官员和民众之间划下一道深深的鸿沟，而猛药去疴，重典治乱，刮骨疗毒，壮士断腕，就是为了铲除和填平这道鸿沟。这正是张平反腐题材作品《重新生活》着重书写的意义所在。张平说，他要自生至死为老百姓写作，没有老百姓的支持，他什么也不是，这是一个作家的立场，与艺术无关，与文学理念无关。

2004年推出《国家干部》之后，直到十余年后才推出《重新生活》，是什么原因让你阔别文坛十多年都没有新作品？

不是不想写，而是没有时间写了，尤其是没有整块的时间来写东西了。2004年年底当选山西省作家协会主席，2007年当选为民盟山西省委主委，2008年当了副省长。有生以来，第一次有了这么多职务，脑子里整天千头万绪，考虑和需要尽快解决的事情那么多，不可能静下心来去构思，去写作。其实我所处的环境也不允许不支持我去写作，当作家不写作，那叫懒散；当副省长写小说，那叫不务正业。

长篇小说创作是需要连续性的，不能今天写一段，过几天再写一段。情绪、感觉、思维、激情凝聚在一起，需要有一个铺垫和延续的过程，任意打断它，都会损害甚至重创文学创作。《重新生活》是在2013年卸任副省长以后写成的，写成后又断断续续修改了几年。其中有些重大的改动，都是理性思考的结果。但这样理性而冷静的修改，是否对作品更有益，还有待读者的检验。

《重新生活》以延门市委书记魏宏刚的外甥女绵绵挨了一个耳光为开场。为什么会设计这样的情节？它将引爆怎样的场面？

打孩子是普通老百姓教育孩子的常用手段，这也是没有办法的事情。所以就有这样的说法：一等爸爸不说话；二等爸爸打电话；三等爸爸跑上跑下；四等爸爸又打又骂。过去市委书记的外甥女绵绵，上重点也好，考大学也好，至少在一等二等之列，有什么问题，最多打个电话就能解决了。就像上重点高中，连电话也不用打，学校就有人把一切都安排好了。而等到市委书记落马后，外甥女就像从云端突然掉进泥坑，做父亲的不仅跑上跑下，而且跑得毫无结果，甚至处处受气，无端受辱。过去家庭教师不请自来，而且都是最好的辅导老师。如今花重金聘请辅导老师，人家也不那么上心。最想不到的是，老师刚送出门，回来再看时，孩子竟然睡着了。所以一气之下，就给了孩子一个耳光。这是他这辈子第一次打孩子，同人多数打孩子的父母一样，打孩子就像打了自己一样，又心疼又自责，痛苦得无以复加。这个耳光对这个家庭其实是一个标志性事件，也就是说，这个家庭，已经进入了普通百姓的平民生活。过去的那种无忧无虑，没有焦愁的日子已经消失了，不存在了。等待他们的，将是随后而来的更加让他们目瞪口呆、束手无策的普通生活。这些普通生活都是老百姓司空见惯、习以为常的生活，但对他们来说，却需要像涅槃重生一般地去适应，去承受，去重新生活。

与你以往的作品有很大不同，《重新生活》的叙事重点不是贪腐的官员或正义的执法者，而是官员的亲属。请问，为何选取这样的主角？

只有揭示出腐败是对所有人的戕害和剥夺，才能激发所有人对腐败的反思和痛恨。我在后记里说了，只有全民反腐，制度反腐，才有可能有效遏制大面积的腐败行为。腐败行为并不只是贪污受贿了多少财物，而是它制造了一种与老百姓完全隔绝也完全不同的特殊生活。这种特殊生活的长期存在，渐渐地会融入并腐蚀我们的思想道德，以致沉淀为我们的文化基因。

对于那种特殊生活，老百姓是无法体验，也体验不到的。但腐败官员的子女亲属，他们则能体验到老百姓的普通生活。而且是必须体验，无可脱逃地体验，全方位地体验和陷入。这是《重新生活》中最重要的一个视角，那就是由高端生活向底层生活的迅速回归和坠落。其意义在于，在这样的生活环境里，教育、医疗、住房等等民生问题，都已经成为老百姓迈不过去的高坎深沟。而一个地方的主官或主管，连这些最基本的生活条件和生存环境都给不了老百姓，那把你打成腐败分子能说冤枉了你吗？当你的孩子和你的亲人也深陷你所营造的生活环境，同老百姓一样艰难生活时，你还会无动于衷，毫无感觉吗？

《重新生活》中落马的市委书记的姐姐、姐夫、外甥女，以至他的儿子，都是作品中的主要人物，尽管他们都是无辜的受害者，也都正直正派，但他们或多或少都在市委书记的光环之下，于有意无意之间，得到了这样那样的好处。最终他们都无一幸免地落入了腐败官员所制造的这种完全分化、完全不同的生活环境之中。

选取这样的人物，揭示这种反常的，而我们却又司空见惯的生活本质，铲平官员和民众之间的那道鸿沟，是反腐的一项重要工作和基本任务。

据说，在创作《抉择》期间，你曾走访了十几家国有大中型企业？

《抉择》是1997年出版的作品，写了一群下岗工人令人痛心的生活遭遇，写了一个曾经在这个工厂工作过的工人市长，还写了在企业转制过程中，把一个大型国企据为己有的几个工厂领导。我在另一篇文章中介绍过，女导演斗琪想把我的《凶犯》拍成电视剧，但希望能把《凶犯》的背景放在城市里。故事还是那个故事，不同的是这个复转军人保卫的不是林场，而是工厂。所以，我开始参访那些正在转制的、濒临破产的大型企业，采访时经常有数以百计的工人围在我们身旁，工人们讲到自己的遭遇和对工厂的感情时，一个个嚎啕大哭，情不自禁，现场哭声一片。

二十多天的采访结束后，我和导演的思路都彻底改变了，她回去以后自己动笔改编了一部反映下岗职工生活的电视连续剧，我回来以后，就写了这么一部长篇小说《抉择》。《抉择》在今天看，也许已经感受不到当年那种强烈的时代氛围和压抑感了，包括当年上海电影制片厂根据《抉择》改编的电影《生死抉择》，今天好像也感受不到当时那种强烈的震撼力和冲击力了。但在当时，《抉择》曾被一百多家报纸连载，被上百家电台连播，出版印数60多万册，获得了包括茅盾文学奖在内的众多荣誉。

《重新生活》主人公魏宏刚“权力失落”之后，受到牵连的绵绵一家人还能“重新生活”吗？这个书名，真正想告诉读者的是什么？

作品中的几个主人公，都是腐败最直接的无辜受害者。包括腐败分子的母亲、儿子、姐姐、姐夫和外甥，甚至还有司机。参与和卷入腐败的都被抓走了，而无辜的甚至毫不知情的这些亲属和家人，成了事实上的最大受害人。腐败对他们的戕害是深重的，残酷的，尽管如今已经不再是过去的株连时代，他们的人格和工作在表面上并没有受到什么影响，但社会上和精神上的无形压力对他们的打击是双重的，灾难性的。

他们的遭遇就像从云端突然掉进了泥沼一样，对突然降临的平民生活毫无准备，百般无奈又束手无策。就像一个突然失去父母、刚刚成人的孩子一样，所有的一切都只能从头进行。

丁丁是腐败分子唯一的儿子，他在失去父母的庇护之后，根本不懂得如何才能在社会上自力谋生，独立生存。他与贫民的孩子、同班同学吴玉红形成一个巨大的反差。吴玉红因为是普通百姓的孩子，从小需要自食其力，自谋生活，尤其是在父亲重伤后，十六岁的她几乎挑起了照料全家的重担。尽管是一个弱小的女子，但她对社会上的所有生存之道都了然于胸。她知道什么是五险一金，知道外出打工的父亲身负重伤却又无法报销药费的真正原因，知道怎么去给爸爸抓药，怎么做饭，怎么买菜，怎么交纳房租，怎样能用最少的钱办更多的事。她知道如何应对贫困，如何躲避灾难，如何在夹缝里生存。她知道社会的险恶，世道的艰难，人心的不测……而人高马大的丁丁，这个原市委书记的儿子，在这个他必须面对、必须自立的重新生活中，居然一筹莫展，甚至一再被骗。若不是同学吴玉红的及时相救，等待他的将是灭顶之灾，牢狱之祸。还有绵绵，在失去舅舅的呵护之后，精神几乎彻底崩溃，以至最终昏倒在考场上。

他们所面对的生活，则是千千万万普通百姓都在生活着的生活。他们的重新生活，让他们看到了、了解了即将面临的真正的百姓生活。

他们必须在极短的时间内适应和承受这样的生活，除此之外，别无选择。

《重新生活》想告诉读者的是，一个地方的主要官员腐败了，那么这个地方很可能会一败到底。老百姓在这样的地方生活，就会陷入互恶对杀的深渊而不能自拔。腐败通吃通杀，无人可以幸免，包括他自己的孩子和亲人。

从作家到副省长，你身份的跨越是不是有点大了？你感觉之中有什么共通之处吗？

我不是大学一毕业就去了政府和行政机关，然后就当了领导干部，然后一直干到退休，几乎一生都在政府和行政机关工作，一辈子都是公务员身份的那种人。我不是这样的，做领导干部我基本就是个外行。中国真正的领导干部，都是一步一步干上来的，先是镇长、镇党委书记，再是县长、县委书记，而后是市长、市委书记。我认识的领导里头，还有从过去村里的生产队长一直干到副省长的。这是中国大部分领导干部的基本情况。我不属于这种情况。我之前一直是一个作家，而后突然被任职为副省长，五年后离开政府，感觉上同过去并没有什么太大的不同。所以我的心态和感知没有什么太大的变化，并没有感觉到这两者之间有什么心理和精神上的跨越。不论做什么，一直还是作家的心态和眼光。

当然要说没有变化也绝不尽然，比如刚开始时的严重不适应。根本不知道怎么当领导，全凭自己摸索。当时曾问过无数当领导的朋友，他们都一笑了之，说“你小说写得那么好，写的都是领导干部，什么领导干部当不了？”当然也得到了一些指点，比如：对待下级要像同事，对待同事要像领导；当领导干部不是什么都懂，凡事不懂不能装懂，实事求是，才能赢得尊重；政府工作是分工不分家，分管不分事；既要勇于作为，又要善于作为；领导方式和方法各有不同，也各有优劣，用不着刻意去学，你的风格就是你的风格，你的个性就是你的个性；作为领导干部，不要怕别人议论，别人说你没魄力，你就整天发脾气，别人说你没亲和力，你就故意跟人拉近乎，这样做，既做作，又不自然，以致邯郸学步，适得其反。等等。

刚去政府时，有一次跟当时的省长去考察文化超市，因挤电梯，与两个人发生口角。两个人在电梯里对着我们大骂：“什么狗屁领导，现在的领导有几个好东西！”我本想理论一下，说明情况，但省长按了我一下，示意我不要吭声。事后省长给我说：“当领导就是挨骂的，以后你慢慢就明白了。”这句话给我印象很深，后来凡碰到类似的情况，就会想起这句话，心态就会平静下来。

在政府当领导会很忙，压力会很大，作息时间与作家完全不一样。有一次见到省委书记，他像开玩笑但又十分严肃地对我说，“终于知道了吧，想干成一件事，没想的那么容易。”他的这句话让我深有同感，也悟到了很多。即使你是一个副省长，但真想干成一件事，还真的是非常非常不容易。

还有一点，就是在省政府工作能让你看到更多的情况，看到了以前当作家时根本不可能看到的一些情况。也就是说，你进入了一个你以前根本不知道不了解的社会群体、社会阶层或者社会圈子，这里面既有酸甜苦辣，也有喜怒哀乐，既有大爱大美，也有至痛至恨，也一样充斥着人性的光辉或灰暗。尽管你看到了更多的东西，但这也并不是说，人与人之间会有什么不同。其实人和人的差别并没有多大，人性都是一样的，更多的是个人的选择和机遇，当然还有家庭出身的不同，社会阶层的不同，生活环境的不同造成了不同的身份与结果。

你从政的这段经历，对你的反腐文学创作有何影响？

对文学创作来说，我觉得并没有什么不同。你占有了更多的素材，并不意味着你就能写出更好的作品。写作和当官不一样，写作的机会永远是均等公正的。作品的成败，关键还是看你的才华，看你的素养，看你对社会的认知能力和直面腐恶的勇气。

有所得必有所失。有人说："你这五年，是高薪体验生活。"我不知道这句话对还是不对。但不管怎么说，这五年的经历，对我的影响是终身的。我真诚感谢有这五年的经历，我会十分珍惜它，也会慢慢地回味它。

有人说，小说家都是"编故事的高手"，你赞同这一看法吗？小说创作是不是不需要特别讲究真实性？

世界上有各种各样的小说家。有的在饭桌上听到一个故事，就能写出一个精彩的长篇。有的在故事成堆的环境里生活了很多年，写出的小说依然味同嚼蜡。作家的才华，关键看你对生活的敏感度，关键看你对生活的认知能力和概括能力。不同的作家对相同的题材素材写出的东西往往会完全不同，深度、广度、内涵、主题也会没有任何相似之处。有的作家认为世界上再没有比写作更轻松的事情了，一坐在写字台前就会心旷神怡，无比快乐。有的作家则认为写作是一个极其痛苦的过程，往往一部作品没有写完，就会住进医院。

文学创作，因人而异。有的作家写作，更富于冷静和理性，事先有成熟的样稿和详细的大纲，然后不慌不乱，有条不紊地开始创作。而有些作家则相反，有个开头、结尾和故事，就大笔一挥，哗哗哗哗地写下去了。我大概属于后者，而这种写作方式则需要深厚的生活积累和大量的素材占有。

小说创作是不是不需要特别讲究真实性？

很多读了《重新生活》的读者对我说，太真实了，在阅读的过程中，时不时会忘记正在阅读的是一本虚构的小说，让人摸不清虚构和现实的界限。

我的写作方法其实十分笨拙，多年前我就说过，我的小说都是采访出来的。《凶犯》《孤儿泪》《天网》《抉择》《十面埋伏》《国家干部》……几乎都在生活中有真实的原型和事件，都是我通过大量的采访得来的。所以我绝不是编故事的高手，从来都不是。我甚至觉得我根本不会编故事，只要一想到编，我就会觉得不踏实，无法下笔。

这可能与我一直以近距离的方式进行现实题材创作有关吧，题材距离现实生活越近，就会越难写。就是人们常说的那种情况，你画个魔怪鬼神，画个龙凤麒麟很容易，但画个大家都熟悉都常见的人物和动物则很难。因为大家都清楚那是个什么样子，你要画得大家都认可了才行。现实题材描写的都是大家熟悉的事物，必须一丝不苟，必须认认真真，来不得半点虚假和含糊。

有人说，作品的真实性必须建立在细节真实的基础上。我觉得这句话对现实题材作品尤其重要，也尤其难。现实题材作品的细节描写确实不能有一丝一毫的虚构，每一个字词都不能允许有丁点差错。比如《重新生活》中一个“双规”前的宣布内容，我就询问了十几个纪检书记和无数个纪检监察工作人员。每一个用词都必须严格规范，必须合乎双方的身份和当时的场景，合乎纪检条例和有关规定。还有纪检委对违法违纪嫌疑人实施的住所搜查，这里面涉及到纪检条例和法律规定多方面的常识与知识。非常难，一句话一个行为常常要查阅很多资料，要去纪检监察部门认真了解情况。所有的言行举止都必须在法律和规则的框架之内，否则就会出问题，就会出格，就失去了作品的真实感和严肃性。

有读者对我说，《重新生活》这本书，让我们第一次看到了宣布“双规”时，是怎样的场景和细节。还让我们第一次看到了“抄家”究竟能抄出些什么东西，抄过的家是个什么样儿，“抄家”的法律依据是什么，都是什么样的工作人员可以参与。

作品要真实就必须符合生活的规律，必须是在真实基础上的描写和加工。《重新生活》中，原来曾设想过很多丁丁的情节，这个原市委书记的儿子，在爸爸被宣布接受组织审查后，曾经历了无数的悲惨经历，甚至被迫去了黑煤窑、黑砖厂，但在写作过程中，最终还是被否了。如果把这样的一个孩子写得太过于悲惨了，既不符合生活环境的真实，也不符合社会环境的真实。事实上，一个落马的市委书记的孩子，在现实生活中，除了刚开始那些日子，往后他还是会得到很多帮助和资助的。我在以前的作品《国家干部》中，曾写过一个市委书记，他当了一辈子的领导，从镇党委书记一直当到市委书记，其结果就是他的亲朋好友，七大姑八大姨基本上都成了大大小小的官员。你法办了他一个，还有一大帮在那里。他们不会让提拔过自己的领导的孩子落难街头，背井离乡。这等于是在打他们的脸，再说，他们也要做出样子让别人看，似乎说明他们还是有情有义的。所以，要符合生活的真实，就不能那样来写。

这些都是我们文化中难以去除的因素，也是我们需要批判的现象。所以像丁丁这样的人物就没有按原有的构思去写，并且出现了司机，出现了医院副院长等等这些人物。这样的改变，更接近生活真实，更符合社会实际。

现实题材，尤其是现实题材中的社会题材，政治题材，真实性是作品的第一要求。没有真实性，就会失去读者的信赖和作品的严肃性。

真实性，既是要求，也是底线，更是基础。

你说“作家绝不可以远离时代和人民”，你的作品就是要写给那些最底层的普普通通的老百姓看，永生永世都将为他们而写作。你是从《天网》开始树立这一写作立场的吗?

我觉得从古至今，对文学情有独钟的大都是处于社会底层的民众。我每次去新华书店，让我感慨万端的就是那些坐在书店角落地板上专心阅读的孩子们。他们无钱买书，就在这里悄悄免费阅读。这些人堆里也还有很多大学生，甚至成年人。图书管理员从来也不驱赶他们，也许他们知道只有这些读者才是他们最应该保护的读者。日理万机的领导，苦心钻研的专家，风情万种的“白富美”，风流倜傥的“高富帅”，忙得脚不沾地的经理老板，他们会这样圪蹴在一个角落里，凝神静气，全神贯注地阅读你的小说诗歌？一个人到了被万般宠爱，万众瞩目，时时被媒体和新闻包围的境地时，让他或她生发悲悯愁思的文学情怀应该是件很难的事情。只有那些生活清苦，孤独寂寞，被冷落被无视，几乎被生活遗忘，但仍然对生活抱有希望抱有激情的人，才往往是文学最忠实的受众。

有一年我去一个山区的村庄，看到一本我的小说《天网》，不知让多少人传看过，已经看不到书面，翻卷得就像一棵老白菜。有个40岁开外的中年人一边让我签字一边说：“你这书我们村的人差不多都看了，我都看了好几遍了。”在这本书上，我几乎找不到可以签名的地方。我很感动，也很难过。电影电视里，还有那些青春小说里无忧无虑的美满生活，距离他们其实很远很远。每个作家都有自己的读者群，也都有自己各自不同的写作立场，这是作家自我选择的结果，没有可比性也无可厚非。我不管写什么题材，我的读者群就是那些生活在社会底层的普普通通的群众，我的作品就是要写给那些最底层的千千万万的老百姓看，永生永世为他们写作我心甘情愿，也无怨无悔。

设问人：陈仓 作家，诗人，媒体人

杨少衡

杨少衡，1953年生，福建漳州人，曾任福建省作家协会主席。主要作品有长篇小说《海峡之痛》《党校同学》《两代官》《底层官员》《如履薄冰》《地下党》《风口浪尖》等，中篇小说集《秘书长》《林老板的枪》《县长故事》《市级领导》《多来米骨牌》《我不认识你》等。曾获《人民文学》《北京文学》《小说选刊》《小说月报》等期刊设立的中短篇小说奖项，有数篇小说被改编为影视作品。

给我贴标签我拒绝接受

杨少衡固执于不写“官场”写“官人”，不写“污吏”写“能吏”，用官场这样一面镜子，映照出湿润、温情、热乎的各类官员形象，反射出世事无常和人性的光芒，最终爆发出了巨大的能量和向上的力度。对于“官场小说”的标签，杨少衡一再表示，这个标签使用不当，拒绝接受，可惜无能为力。

在当代中国文学的格局中，你是一个非常重要的作家，而且这种重要性越来越突显。不久前，我在南方一座城市里开了个讲座，和你的粉丝讨论了你的《秘书长》《珠穆朗玛营地》《尼古丁》《林老板的枪》《党校同学》《俄罗斯套娃》《胆小如鼠》《底层官员》《多来米骨牌》等作品，你认为这些读者一直欣赏你的作品的动力是什么？这些作品里你个人最喜欢哪一部？

多年以来，张陵兄对我的创作一直关注且看重，能跟你对话感到非常高兴。我知道不能自视过高，只敢自认是一种存在。前些时候我随一个作家团组到外地采风，走来走去感觉很轻松，当地领导、文化官员，以及碰到的作者都挺好客，彼此“久仰久仰”，其实互相并不知道，让我这种不擅长社交者无须多费心。不巧还是未曾逃脱，有位中途插进来的陌生朋友在饭桌上把我逮住，问起我刚发表的一部中篇，我意外发觉他读得及时且认真，一打听，原来是个基层官员，乡镇干部，爱读书，业余写作。我感觉我作品的读者中有不少人与之相似，他们有一定阅历，对我写的那个生活侧面有一定了解，也希望能更深入了解与思考。这应当是他们读我作品的一个动力，也是我希望在作品里提供给他们的。在你提到的上述作品里，我个人比较喜欢《党校同学》与《珠穆朗玛营地》，前者是长篇，容有较多个人生活体验，人物似乎比较丰满。后者是中篇，里边的男女两位主人公都让我比较偏爱，前往珠峰大本营的过程亦属亲身经历，感受特别深。

你的小说大部分都是写官员与官场生活的，而且把官员的形象写得入木三分，把官员的个人命运与百姓命运以及国家命运结合得非常好。据了解，你也曾在党政机关里工作过，你深刻了解这个群体或者说这个社会侧面，是否与你的这段工作经历有关？

确如你所说，我的经历对我的写作影响很大。我生于20世纪50年代，读初中时下乡当知青，做过乡村小学教员，1977年进机关工作，在县、乡和市直机关一共干了25年，2002年调到福建省文联。我在家乡福建漳州市任过8年宣传部副部长，而后又干过近4年的组织部副部长。我在市委组织部时分工管干部，曾因部长离任而两度主持该部工作，前后近1年。期间因换届，直接具体参与处理市管数百处级官员的调整任用事项。这些经历让我对基层官员有较多接触与了解，事实上我自己也曾是其中一员，因此熟悉他们犹如熟悉自己，写他们犹如写自己。我感觉自己的经历既是财富，也是局限。所谓生活是创作的源泉，我把自己的机关工作经历视为生活的赠与，因而把自己最熟悉的这些人作为表现主体。当然也有局限，我写其他方面的人就常力不从心，写不好，因为了解程度较差。

有人把你的小说和当下流行的所谓“官场小说”混为一谈，认为你就是一个“官场小说”作家。你觉得自己是“官场小说”作家吗？你有没有觉得这是一种误读？读者对你的热捧有没有这方面的因素？

记得十年前到贵州贞丰参加《小说选刊》会议时，与会的上海一位评论家朋友对我说：“别让人说你写的是什么‘官场小说’，给你贴那个标签不合适。”我当然与之同感，曾经一再表示“官场小说”标签使用不当，拒绝接受，可惜无能为力，总是被贴以标签。当年有一文学报纸的记者电话采访，让我谈一谈官场小说问题，当时我恰在剧场看京剧《龙凤呈祥》，一看台上演的是刘备孙权故事，便戏称自己在看官场京戏。这一说法显然不为人认同，不知为何于小说却通行无阻。以现在对“官场小说”的通常理解，我不认为自己合适置身其间，如此判定应属误读。我注意到网上一些读者在评述我或我的某个作品时，常有“他写得跟那些官场小说都不一样”之说。我感觉这不是说我比谁谁好，只是说彼此不是一回事。或许我得到这些读者认可的原因正在于这种不同。

这种定义是我非常担心的，我这种担心首先不是来自读者，而是来自那些握有话语权的评论家——他们一直坚持认为写官场就是“官场小说”。我以为，如果这么认定，你的小说就没有太多价值和意义。你个人认为你小说的价值与意义在哪里？

我非常赞同你的看法。把写官员的小说都归为“官场小说”，显然失之简单化，更多分析区别，会更有利于引导创作与欣赏。我曾自嘲说要给自己的小说找一个存在的理由。作为一个小说家，我不擅长做理论分析和思辨，我所说的存在理由，或许就是你指出的小说的价值与意义。我觉得我所创作的小说来自生活，植根于现实，我的小说人物多为官员，在中国当代生活环境里，这些人居于特殊地位，对经济社会文化发展起突出作用。我试图用自己的小说表现中国当代生活的一个重要侧面，一个特殊群体，提供相关了解、认知与思考，为这段历史留下若干小说记录和人物图像，这或许就是我之所以存在并为一些读者所接受的理由。

评论家对你作品的这种类型化的定义，在某种程度上降低了你小说的文学性，这么多年你有没有感觉到自己小说价值被低估，起码是没有得到文学领域应该得到的嘉奖和肯定？

这么多年来，你对我的创作一直是高看一眼，鼓励、支持有加，你从不因为“官场小说”标签而将我置于你的慧眼之外，你的批评也直接准确，让我受益极大。有你这样的评论家，我从不觉得自己被低估。我感觉这些年刊物、读者对我的作品还是比较认可的，我的中篇小说基本都得到转载，几乎年年进入某个选本，许多读者是通过选刊选本认识我的。我的作品在《人民文学》等主流刊物都得过奖，给我鼓励莫大。我这个人个性比较温和，也有自知之明。我感觉文学奖项的评委难处很大，毕竟僧多粥少，有“官场小说”之嫌确实容易让人犯嘀咕，尽管他们可能喜欢读这个小说，把票投给它还得三思。我对得奖的态度一向是随遇而安，有的话很高兴，没有的话也理解，听凭运气，无须费劲。这当然不算积极，不利争取，却适合我。特别是年龄日长，在这方面越发想得开，努力把小说写好才是最重要的。

在我看来，“官场小说”这个概念是有特定内涵的。当前流行的“官场小说”很多，读下来，我们会发现，这些小说在思想文化上与旧时代那种所谓的“官场小说”一脉相承，甚至是那种小说的当代翻版。这种小说以一种腐朽封建的官场文化为基调，热衷描写和把玩官场上的那些“潜规则”，把各种关系处理成尔虞我诈，玩阴谋、玩权术的黑暗肮脏的名利场。这种小说不仅歪曲了当代政治生活的本质，而且使那种腐朽道德和人际关系重新流行，在文化上非常有害。你是如何看待当下的官场与官场文学的?

“官场小说”确实有其特定内涵，可以比较一下“职场小说”，后者显得中性，而前者则带贬义，让人联想你说的那些腐朽文化。我自己是从所谓“官场”走出来的，我对这个场合的认识比别人可能更直接更真切，也更多面些。当年我在机关工作，我遇到的顶头上司，基本都是公认的好人。当然也都有各自的局限与缺失。以我亲身体验，你说的那种封建官场文化等问题在时下官场确实不同程度存在，以此推及全部则失之片面。我从事写作较早，1979年就发表小说，但是前期基本不写官员，直到后来看了一些写机关写官员的小说，觉得不尽如此，心有不服，才决定也来一写，当时我曾自嘲要“以正视听”。只是没想到日后自己竟也给收编进入“官场小说”的队列之中。

你小说的立意不是宣扬这种腐败的思想和文化，而是在一种严峻的现实生态里，寻找一种价值的正能量，寻找一种前进的力量，一种新的道德，寻找一种破解困局的智慧，寻找一种能够和人民百姓同呼吸共命运的先进文化。你这种长远的眼光与建设性的文学理念是怎么形成的?

你提到的这些是我追求的目标，努力的方向，值得我这样的作家去不懈探索。由于我所受的教育，长期的工作经历，形成的观念应当说已经相当稳固，对事物对世界的看法，对国家、民族前途的认知，以及对自己为什么且能够做些什么已经有了一定之见。这些看法会通过作品表达出来。我一直还是较擅长于形象表达，未曾很好地梳理，并理性概括自己的创作理念。直观而言，我倾向于表现一种所谓“好性格”，希望笔下人物是自己“喜欢”的类型，至少要有自己“喜欢”的侧面。这都是我自己的说法，缺乏理论色彩。我感觉较之一些作家，我的眼光可能更成熟稳定，更多从建设性角度考虑，这也是自己观念偏于传统使然。

你笔下的生活，都是改革开放时代下经济发达、社会财富集中的东南沿海地区。正是这样，这个地区的政治生态、道德环境、人际关系就空前复杂，矛盾冲突也特别突出。你小说的思想重心，就是深入考察从革命党转为执政党的共产党人怎样破解困局，实现执政为民，为中国老百姓谋幸福的政治理想。这些看似应该是政治家思考的问题，在你的小说里都得到十分深刻的思考，你认为文学家与政治家的思考有什么差别吗？文学家的思考对政治生态建设有何意义？

我小说选择的表现范围比较特殊，各级官员的政治属性，必然要求我有一种政治方面的把握。我试图通过人物形象来表现这种把握，尽量把人物置于复杂的现实矛盾之中，表现他们的选择与作为，揭示其思想基础与理念。如果说其中较成功的小说能够接近你提到的政治理想与思考，那应当是现实生活中人物本身所具备的，我只是努力让自己的表现忠实于生活，忠实于我那些作品原型的素质。我自感思想的深刻性还有待提高，表现尚需更为自觉。我觉得文学家与政治家的思考会有不同侧重与区别，政治家现实感更强，文学家则更倾向于理想化。文学家笔下有所理想化的形象，对现实政治不无益处，就好比当年一出表现“当官不为民做主，不如回家卖红薯”的戏剧，提供了一种价值认知，有益于政治生态建设。

《珠穆朗玛营地》中的办公室主任“连加峰”，从来对领导只会说

“是是是，对对对”，是机关里典型的阿谀奉承的“小人”。但在提职的关头，他申请去西藏最艰苦的地方工作，当他看到世界第一高峰的时候，我们发现一个俗人有一颗不俗的心，闪耀着人性的光辉。你之所以与“官场小说”作家不同，主要原因是你的着力点不在于“官员”而在于“人”，你是不是想透过官场这样一个环境让人物发生反应，最终直指人性的本质？

“连加峰”身上有我的影子。我曾在县委办公室当过三年干事，做县委书记的秘书。后来又在地区行政公署办公室（市政府办公室）当过五年干事，所做工作与“连加峰”相当，职位则更低。身处特定的工作领域，加之我本人偏老实，“是是是，对对对”便成了常用语。我感觉人的外部表现与他的内心既是统一又会有区别，有的人或许更统一些，有的人则反差大一点。“连加峰”应当是一个反差比较大的，我本人似乎也是，不时有人说我的小说与我本身给人的感觉很不同。我觉得写小说时关注这种反差，有助于让人物凸显出来，不被淹没于他的头衔，就如你说，写出官场环境下的人，表现其人性一面，文学性和价值都会提升。

记得在过去的评论中，我曾说杨少衡不太会写女性。我是想说，对女性人物，你有很出色的勾勒能力，线条很生动，只是作为文学形象，还不够完整。在《珠穆朗玛营地》中的美女警官陈戈，写得很动人，这样的人物，在你的作品里，还非常少，这是基于什么原因考虑的？

我曾写过若干女性形象，包括女性官员，但是数量远比男性官员少，让人记住并能提起的更少，可见这方面有欠缺。我曾自嘲这是因为女性官员比例远低于男性，例如在县里，通常一套班子里只安排一位女性。这当然只是调侃。我确实比较不擅长描绘女性，原因可能在于我不擅长接近、了解她们，也与我个性相关。小说的性别取向过于单一，缺乏两性色彩的调剂和情感的互动，这肯定是很不好的。我常庆幸的是，或许因为时下许多作品中男女之情被写得非常充分，读多了难免审美疲劳，因此读者才会容忍我色彩过于单调。我很希望自己能在这方面有所改变，以补欠缺。

《林老板的枪》完全把人物放到了严酷的现实环境中去打造，文弱的县长徐启维被林老板“拿下”，成了资本家的“马仔”，然而徐启维并没有变成腐败分子，他运用一种独到的执政“智慧”，把林老板给制服了，最终造福了一方百姓。现实生活中，许多干部没有扛住，失掉了底线，可以说，徐县长这个人物的问世，标志着你小说创作思想艺术上的重大突破。我很好奇，你的这些智慧都从哪来的？你有人物原型，还是完全靠着虚构来表达你对这些人物的呼唤？

《林老板的枪》出自我一位友人的故事，该友人在县里当书记时，与一位私营企业家有过交集，该私企老板财大气粗、个性张扬，传说私藏一支冲锋枪，装在一只麻袋里。友人把他与这位私企老板若干次交锋的故事告诉我，我发觉其处理方式颇具个性特点，有底线有水准也有人情味，我觉得这是个闪光点。我这位友人成了“徐启维”的原型。我的多数小说都是有原型的，我是一个经验型小说家，在原型基础上改造，比较容易找到感觉，强化小说人物的真实感。当然从原型到小说人物，区别也不小，最相通的当是人物的个性与理念。我小说的官员多半属于“能吏”，比较能够成事，哪怕终无好果，依然不负能干之名。应当说这些人有其智慧，否则很难干到那个份上。现实中基层干部里能人很多，用于正道则成事，用于歪道会让人瞠目结舌。我本人谈不上智慧，最多只算好奇心强，为人不错，因此人家愿意把事情告诉我。

《蓝筹股》《天堂女友》《俄罗斯套娃》《喀纳斯水怪》《前往东京的关隘》《胆小如鼠》《西风独步》《红布狮子》《黄金圈》《多来米骨牌》《海湾三千亩》《党校同学》《底层官员》部部都很经典，我个人认为《底层官员》应该是你这个时期最具代表性的作品，塑造“智慧”型的人物成了你的主攻方向。如果让你继续从政的话，这些在文学里的理想信念是否可以现实呢？

我曾经开玩笑，称自己是当不了官，所以才在小说里施展拳脚。我曾感叹如果有更多实际经验，小说可能会写得更生动些，但是一旦真的下去做官，也可能就一路而去，轮不到来写小说了。我的小说写基层负责官员多，因为感觉基层更直接，更办实事，更有表现价值。如果有机会，我也会按照自己的理解，努力去做一个好的基层官员，贯彻自己在小说里表达的理念，有如你提到的《底层官员》的“刘克服”。只不过命中注定，只好来纸上谈兵。

你目前是福建省作家协会主席，也算是文化单位的官员，你在履行这一职务时，是否把你的这种文学智慧运用在实际工作中？福建的文学环境一直不错，这与你是否有关系？

我是从党政机关调入人民团体工作的，这种经历有利有弊，好的方面是见识相对多些，行政事务较熟悉。不利的方面是不免“曾经沧海难为水”，闯劲不足。我感觉碰上一个好时候，我在文联工作这十余年没有大风大浪，大环境平稳，小环境也就好办。这段时间我也遇到一些诸如经费、人员方面的困难，建树不多，亦有一些成果，特别是原称弱项的福建小说有所起色，人称“崛起”，这主要归功我省小说作者的努力，我本人也推波助澜起点作用。

你作品中这种时代的典型性足以在当代中国文学人物画廊中占有一席之地，并且是以一种“文学新人”的品质在艺术上挺立起来的。这个“文学新人”证明了一个作家的活力与创造力，你接下来还有什么样的计划？

你在多年前就跟我提到了“文学新人”这一观点，让我思考很多。我想“新人”应当是现实中存在的，却还未被小说家注意过表现过的人物，要有真实的基础，也要有作家的发现。能让自己的小说人物进入当代中国文学人物画廊，无疑是我这类小说家的一大心愿，值得我不断为之努力。我近年的创作以中短篇小说为主。

前不久读到你在《北京文学》上发表的中篇小说《蓝名单》，写了一位政协主席“简增国”给贪官市长送了十万元，最后却无法得到认定。一直很聪明的“简增国”居然像笨蛋一样，选择自己入狱十年，保住在仕途上刚刚起步且一心想当一个好官的儿子。面对越来越复杂的社会与官场环境，你是不是无法控制你笔下的人物了？是不是也陷入了迷惘和瓶颈？

《蓝名单》这个故事取材于我家乡发生的一起案件，其中的父子两代官员都是我很熟悉的。在小说里，“简增国”这个被尊为“师长”级的能干官员，最终对前来探监的儿子发牢骚说，“师长”当到退休，老来坐进牢里，可见他那一套确实有问题。问题症结何在？他眼下没心思多考虑。已经走到这一步了，考虑那些有个屁用？不如省点心，就此安度晚年。但是年轻人却要思考总结，引以为鉴。“简增国”的那一套问题何在？儿子该引以为鉴的是些什么？我在小说里没有写，因为我自己也说不明白。这就是你指出的面对越来越复杂的环境，作家感到控制不了笔下人物，陷入迷惘与瓶颈。我觉得类似故事与人物提供的思维空间相当大，值得我继续去思考和表现，想明白了，作品就有望突破。

结合你自己的体验，从为官之道与做人之本的角度，你对年轻人尤其是职场中的年轻人有什么话要说的吗？你认为如何处理前途利益和心灵安妥的关系？

这个问题让我想起自己的青年时代。记得当年我从乡村小学调到县委办公室工作时，有一位老同事对我说，办公室里数我年纪轻，日后上班宜提前一点，到办公室后要去打开水，把茶桌上的水杯水壶都洗一洗。当时我心里想：怎么让我干这个呀？若干年后，我所在单位来了一位新干部，是位硕士，部长命我与他做入职谈话，因为他给分到我分管的科室。我跟他没说什么大话，只把当年我进机关时那位老同事的话搬给他。

我觉得一代代年轻人有相当大的区别，眼下职场中的年轻朋友比我们当年更开放更能干更具个性，但是面临的问题也有相通之处，不妨从琐碎小事做起，融入所处环境和人群。年轻人肯定要谋前途，要争取自己的利益。目前环境下，年轻人成长面临的竞争与压力显然比我们当年更大，发展上进，活得更好一些的愿景却还是彼此相通的。以我的感受来说，重要的是让自己的内心足够强大，可以适应顺利，更能顶住挫折与压力。这方面，不妨在得空时读点小说，无论玄幻的、言情的、武侠的、政治的，喜欢什么就读什么。至少可以帮助排解忧虑。如果还能娱乐身心，甚至帮助认知生活、增进勇气，那就更好了。

设问人：张陵　评论家，作家出版社原总编辑

陈仓　作家，诗人，媒体人

杨争光

杨争光，1957年生，陕西乾县人。著有《蓝鱼儿》《公羊串门》《老旦是一棵树》《黑风景》《棺材铺》《驴队来到奉先畤》《越活越明白》《从两个蛋开始》《少年张冲六章》等小说，以及《杨争光文集》十卷。电影《双旗镇刀客》《五魁》《生日》编剧，电视连续剧《水浒传》（央视版）编剧，电视连续剧《激情燃烧的岁月》总策划，电视连续剧《我们的八十年代》总编审。曾获夏衍电影文学奖、庄重文文学奖、《人民文学》奖、广东省鲁迅文学艺术奖等。

我经常被朋友们“可惜”

对于杨争光，大家最熟知的除了小说之外，还有他参与编剧的《水浒》等电影电视剧。杨争光解释说，他经常会被朋友们“可惜”——可惜，不写诗写小说去了；可惜，不写小说写电影去了；写电视剧就更应该“可惜”。不过，在朋友觉得可惜的时候，杨争光认为“每一次的‘移位’都是我自愿的选择”。

杨老师好，特别高兴能和你聊文学。

我经常会被朋友们“可惜”——可惜，不写诗写小说去了；可惜，不写小说写电影去了；写电视剧就更该“可惜”。在朋友觉得可惜，在我看来却并不是的，每一次的“移位”都是我自愿的选择。

的确有点惋惜，不过放大了看，你的重心的每次偏离好像也是历史和命运使然，跨越这么多领域，各有心得，且都成就不凡，但总体还是在文学艺术圈内。你是中国作家中“触电”较早、成果也比较丰硕的作家之一，像《双旗镇刀客》《水浒传》等影视作品都有很大的影响力，现在的公众号“杨争光说”也有相当数量的粉丝，你能说说编剧和作家这种双重身份在你个人写作上的相互作用吗?

在写公众号之前，我几乎没写过所谓的散文随笔。

诗与小说都是诗人与小说家与世界对话的方式。电影也是，尤其是剧本写作，不同只在于前者可以完全个人化，后者要顾及“团队”。但团队对剧本写作的影响极其有限。所谓电影的原创性，首先是剧本实现的。如果我的说法成立，艺术是艺术家与世界对话的方式，就不存在高低贵贱之分。即使从审美角度说，也一样的，各有各的审美。作家或者写手需要警惕的是，不把合适诗的东西写成小说或电影，或者不把合适小说的东西写成电影或诗。我们经常拿小说改编的电影与原著对照，大多的情形是，没有原著好。这就证明，所有形式的艺术，都有其不可改编性、不可转换性。如果可以转换，原著就会失去它存在的合法性。

还有，艺术史，尤其是文学史已经证明，许多作家或写手，他们不仅是一种审美形式的存在，更是一个文学存在，比如莎士比亚、歌德，比如鲁迅，既是写小说的高手，也是写散文包括随笔的高手。如果没有后来的杂文，鲁迅就不是鲁迅了。他没有文体歧视，且深知不同的文体有各自的审美。当然，他也有能力拥有在各种文体之间游刃的那一支“金不换”的毛笔——我没想和鲁迅攀比。面对鲁迅这样的存在，我完全可以被忽略到无，能说的都很具体，也很有限。如果不写电影，我的许多中篇小说很可能是另外的样子。电影剧本的写作对我小说写作带来的影响是始料不及的，我从来没有写电影会“坏”手的惧怕，就像现在写公众号一样，不怕写短文会“坏”手一样。更不以为诗人、小说家比剧作家、短文写手更高级，更具审美价值。

不论何种类型的创作归根结底是文字的掌控力和想象力及综合能力的展示，没有高下优劣之分。各种文体你都尝试不少，也写过不少诗。你的诗歌的叙述化特征十分明显，诗歌的隐喻、意象、跳跃节奏的融合十分恰当，你能讲一下叙述化或叙事化的诗歌吗?

我从小学到中学，偶尔会写诗，但有意识或者自觉的写作，并不是从写诗开始的，而是戏曲剧本。戏曲剧本不但有场景描述，相当于小说的叙述，更重要的是有对白和唱词，戏曲剧本对白的写作训练应该对我后来的小说写作和影视写作有影响。戏曲剧本中的唱词，既有纯粹抒情诗的元素，又有叙事元素，而叙事元素的比重更大。和西洋歌剧比较，中国戏曲中的唱段兼有宣叙和咏叹的特性。中国戏曲中的唱段若是纯叙事的，其饱满的抒情则来自于戏曲音乐。

这样的启示和认知，为我后来写诗提供了近似于理性的支持。我写的诗，大多具有叙事和场景元素。在我看来，没有叙事和场景元素的抒情诗，是另一种口号诗。

写诗强化了我的这种认知，我在阅读小说时，经常能感受到伟大小说家叙事的诗性、对话的诗性、场景的诗性。我甚至认为许多伟大的小说中的诗性比我看到的许多抒情诗更精彩，更有诗意。

“长安一片月，万户捣衣声。”这样的场景化和叙事的诗性是中国文化传统中天然遗传的。你的小说中叙述类和描写类的语言少而又少，人物的对话占的比重比较大，对话似乎可以说是打开“杨争光范”的一把钥匙了，你的“对话”意识可是根植在思维中的，“对话”体小说甚至是“聊天室”类的小说形式似乎是你的拿手戏，这除了受过编剧经验的影响之外，还有什么原因?

事实恰恰相反。我写电影完全是受朋友的“怂恿”。朋友“怂恿”是因为他们认为我的小说具备充足的“对话”和画面感。我说我不会写电影。他们说“行的行的一定行，你随便写”。于是就写电影了。

在我看来，结构故事、塑造形象、言与行最具说服力。“说”到位了，“行”就可以简洁；“行”到位了，“说”就会成为多余。

对于语言，我喜欢减法。语言的减法和算术的减法不一样，算术的减法其结果是既定的，而语言的减法则有多种可能。我使用减法的原则是：取其“干”而去其“叶”，当然不能一片叶子都不留。去其繁杂的多数，留下我以为合适的一片或几片。我认为，这是精准与生动的表达所必需的。

可以感受到你对小说语言的苛刻，这也算是一种“极简主义”吧？

我在2005年就开始“谋划”写一个纯粹“对话”的小说。写到十一篇，因为身体和其他原因搁置了，但会完成的，至少也会是一个由短章组成的中篇。也许，我还会写一篇只有“言”而没有“行”的小说。

上次谈话，你说“读鲁迅的作品，就把文采忘了”。汪曾祺说过，写小说就是写语言，你的小说语言十分精准干净，有很强的阅读快感，你觉得小说语言怎么样才能抓住读者的心？

鲁迅的语言是作为文学的鲁迅的重要元素，且辨识度很高。比如：“从来如此，便对么？”也只有鲁迅有这样的语言、句式。他不但有自己的语言，更有自己的思想，其个性化的语言处理，使语言与思想同时拥有了强劲的生命力。文学史上伟大的作家，往往都会以他们的作品丰富、扩展他们本民族的语言，包括词汇，包括句式，包括表现力，等等。但丁、莎士比亚、福楼拜都是这样的作家。更容易获得读者的应该是富有创造性的语言，而不是陈词滥调。

故乡对人有生养之恩，每个作家不但有“生”他的血脉之地，也有“养”他的精神之乡，可谓有身，有心，身体的根可能有定数，但精神的根可以很广大。可以说，作家的写作很难离开以“身”为圆心，以“心”为半径的路数，半径越大，作品的格局和容量就越大。乾县大杨乡祥符村是你的家乡，你对符驮村进行了审美化的重塑，你笔下的符驮村和你有精神上的血缘，你的作品无论是对符驮村还是对滋养自己的文化之根都有反思，又不断地用现代的精神理念对符驮村进行拷问，这种反叛与搏斗的核心是什么？

我曾经在另一个场合说到过这个话题。对我来说，有地理意义上的故乡，也有精神意义上的故乡。事实上，我更看重的是精神意义上的故乡。只要生活过的地方，都有故乡的意味，既是地理的也是精神的。对一个居无定所的漂泊者来说，随着生命的成长，就会有一部“故乡史”。在我原点意义上的故乡当然是符驮村，直至现在，我还和它有着无法割裂的血肉联系，至今还参与着我的情感、精神、心理的建构与解构。

符驮村在我的许多作品中，既是一个现实的存在，也是一个虚构的存在。对这样的存在，并不完全是我的人为，有其自然的，难以人为的缘由。我21岁离开符驮村，在山东完成大学学业，然后在天津生活与工作，再之后是西安。有很长的一段时间，我游走在北京和西安之间，我在北京虽然没有工作单位，但有工作，有生活。然后是深圳，到深圳工作与生活之后，我就在深圳和西安、乾县与符驮村游走了。

上述的几个地方对我来说，都有故乡或者家乡的意味。和我相遇的每一个事件都会对我的精神与情感、思想与心理产生影响。而这些影响也会自然地影响到我的写作。

如果说有“反叛与搏斗”的话，更多的是反叛既成的自己，与自己的搏斗。事实上，无论我写符驮村的什么，无论我有着什么样的期待，实有的那个符驮村并不关心。但对我来说，作为“故乡”的符驮村，至关重要。故乡是一团意绪，一团情感，更是一个认知的对象，没有认知，意绪和情感很容易被虚饰、美化，“故乡”很容易成为一个被压缩的词。文学要做的，很可能是把这一个压缩的词还原为可信且有质感的形象。一个，或许多个形象。而且，何以成为这样的形象？这应该是至少的吧。每一个形象都应该有它的理由吧？它的历史或它的“文化根系”吧？也应该有它在现实中的被塑与自塑吧？

我们许多书写“故乡”的文字，即使名家的，为什么会同质化到千篇一律？鲁迅的《故乡》、沈从文的“湘西”，为什么又会成为我们的文学经典？原因也许就在于，后者不仅有意绪有情感，还有个性化的体味，更有深层的认知。“马贡多”是不是马尔克斯的呢？那一块儿“邮票大的地方”是不是福克纳的呢？和它们相比，依我们文化历史的庞杂与丰富来看，我们的文学还是太过简陋了。

关键在于其“故乡”的浓缩性，我曾写过一个短评《地域文学不能画“地”为牢》，说到了当代成功的地域写作，如莫言的高密、梁鸿的梁庄、金宇澄的上海，是实在的故事发生场域，也是作家的精神原乡，是一个杂糅了的当代中国和当代世界。他们的成功在于既定位了自身独特的地理位置和身份个性，又突破了具体的地域，将无形的版图和经验的吸取扩大至中国乃至世界。

就是说，要从我们的“故乡”扩展出去。

长篇小说的结构是个“技术活”，你在小说结构方面构思的独特性，也是少见的，可以叫做“魔方”式结构，比如《少年张冲六章》的六个章节好像六块独立的个体，但一经读者阅读，这六个方块好像有了磁力，之间有着互相牵制渗透的肌理，能迅速聚合成一个完整的整体，每个读者的还原能力不同，阅读体验也会不同。对读者来说，读的过程是一个层层叠加的过程，比常规的讲故事的小说费劲，也极大地调动了读者的思考性阅读拼接体验，这似乎是在小说外形或者形式上的一种匠心，这样的结构小说，唯一目的是为了拒绝“小说故事化”吗?

“魔方”式结构这种形式上的创新似乎随处都可以“剧终”，又随时能有新的生长点，可以不断地重构，这种对小说形式的苛求，和对传统小说“欲知后事如何，请听下回分解”这样的叙述模式和读者的期待是一个颠覆，不满足于讲一个故事，而且尝试挑战新的小说形式，可不可以说这是你的小说读上去比较现代的一个因素？这会不会是形式的游戏?

我在《杨争光：文字岁月》里也说过的，对一部小说来说，“最好的结构”就是适合它的结构。条条道路通罗马，但最佳的途径只有一个。就结构来说，小说家要做的就是找到那一条最佳的途径，也就是能够合适地完成创作意图的“结构”。结构不合适，就会影响甚至扭曲小说的表达。因为小说艺术不仅是说故事，不能满足于把要说的说出来就万事大吉。它需要合适它的结构。小说艺术也是结构的艺术。

任何东西都有它的局限性，语言有，故事也有。写《从两个蛋开始》，我曾想用相对独立又能贯通的四个中篇小说来结构。这对我并不困难。但故事比较紧凑的中篇和电影写作的经验告诉我，故事的局限性会使这部小说丧失很多不该丧失的东西。我选择了消解大故事，精织短章的结构方法和叙事策略，使它们不仅能够各自完成它们的使命，又能构成有机的整体。这要比编织一个完整的大故事或几个较大的故事困难得多。有完整故事的大部头，由于故事性的支撑，很容易使作家在叙事中放松警惕，把赘肉当成肌肉，把多余当成必要。短章则不行，必须小心地对待每一个段落，每一句话，哪怕是一个小小的不合适都会很扎眼的。

完成的《从两个蛋开始》是由三十六个短章构成的。它不仅是对

“宏大叙事”，也是对“故事”的一次决绝的破坏和颠覆，却并不损伤“故事性”。读者可以从任意一章读进去，也可以按自己的意愿重新“组装”。现实中的历史和时间是有先后顺序的，在小说艺术中，线性的事件是可以回旋缠绕的。

但我确实“无意在文体上标新立异，也没想成为文体型作家”。

说到写什么的问题，有些作家擅长写爱情，有些擅长写暴力，有些擅长写灾难，不排除部分作家经常会为了吸引眼球而丧失世界观的正向立场，有的甚至赞扬美化一些丑行或暴力，或者说有“暴力”写作情结。我想起看过的一个话剧《爆玉米花》，剧情讲述好莱坞著名导演布鲁斯以拍摄血腥犯罪出名，在他获奖后，几个青少年观众，也是他的粉丝，模仿电影中的血腥场景潜入他家，最后发生的暴力犯罪惨剧。这部剧给了我很深的震撼，导演和作家一样，都要给人以营养。当然，也不能是一些刻板的教化。但人类的发展需要艺术作为一种潜移默化的精神产品，对丑恶、暴力、复仇等予以理性对待，最起码不能美化变态的趣味。小说遇到这个问题怎么写，你是怎么看的？

是人就可能有暴力的冲动，暴力的欲望，但暴力具有破坏性。不管是冷暴力还是热暴力，不管是言语暴力还是行为暴力，不管是个体暴力还是群体暴力，甚或是国家间的战争，它在保护和捍卫正义的同时，破坏性也是显而易见的。伤害生命，残害生命，以及毁灭生命后果也是极其复杂的。暴力并不光鲜。就其本质来说，暴力是黑色的，属于恶的范畴，无美可言。这应该是暴力美学的终结点。

艺术作品中的暴力，给我们的阅读感受，并由此产生的对人性的考量，也是复杂的。在表现生命冲动和张力的同时，也有对生命和人性的戕害。我觉得，艺术家在面对暴力时，是不应该忘记这一点的。不应该止于对暴力的呈现和晾晒，不管是什么样的原因导致的暴力行为，艺术家不应该一味地给它奉送花篮。

我们的文学在面对许多重大主题时，和几百年前我们的先人的认知并没有本质的不同。否则文学是无法和世界沟通的，也无法融入现时代的人类文明。如果说，我们文学的整体水准和世界文学有距离的话，这应当是首要的原因。我们和世界文学的差距，并不在叙述和表达的技术，而在对重大主题的价值判断。伟大的艺术作品都不会止步于对暴力的晾晒，不会一味地给暴力以美丽的光环，不会一味地痛快淋漓，不会一味地欣赏暴力的壮观与宏大、精细与精致。它一定会让我们看见暴力的灰色甚至黑色，也会在黑色中看见应该有的人性的光辉。

以反映战争的文学为例，我们的文学作品无法和雨果的《九三年》、托尔斯泰的《战争与和平》、肖洛霍夫的《静静的顿河》这样的作品处于同一个层级，是因为我们欠缺面对战争的眼界、心界和情怀。

作家的职业是特殊的，作家的思想以他的作品为源头会有辐射性，作家应该有写作的伦理感和道德感，自身首先要有对真善美的把握，作品也会光亮起来。说起来，好多人说你的小说是乡村暴力的典型，你怎么看待?

是的，但我的原则是，绝不一味地欣赏暴力、赞美暴力，有暴力的来路与去处，在“暴力美学”的范畴之内，但绝不是“暴力美”，或者“美暴力”，这样的东西我连一篇也没有的。

和《蓝鱼儿》类似，你的很多小说用奇异的“暴力”不断把读者逗笑，然而就像《从两个蛋开始》里的高选妈一样，笑着笑着，这笑声就越来越沉重，最后于触目惊心中戛然而止。这好比是“无中生有”，看着无事的喜剧，最后变成了巨大的不可忽视的悲怆。比如《万天斗》中踩坏一棵苗，《泡泡》中的跳舞病，《公羊串门》中村长对法律一本正经的施仿，都走向了荒诞。这种“反讽”叙事是对日常性的“模式化”生命和生命时间的再造性复现，有着悲喜剧的力量。

司空见惯而不觉其“怪”更具“怪”的力量。荒诞也一样的。荒诞的事实无论多么平淡无奇，都蕴含、掩藏着荒诞的真相，有时候，把事实重复一次，很可能就会显其荒诞之相，反讽之力，平淡也立刻就不再平淡。所以，发现荒诞永远是第一步，然后才有表现，才有反讽。而发现本身就是一种再造。这并不是艺术的专利，历史学对于历史的每一次发现，社会学对社会的每一次发现，相对于已有的认知，都是对历史和社会的一次再造与重构。

形式的创新往往是内容倒逼的结果。“历史”是解读你小说的一个关键词，《从两个蛋开始》逼迫我们思考中国、中国人从哪里来，到哪里去这样的问题。从某种程度上，你的这部小说抵达了历史的真实与真相，以文学的方式帮读者挽救了历史遗忘，那么，文学应该如何处理与历史的关系呢？作家把握历史的态度应如何？

小说发表和出版时，曾用的名字是《符驮》，出版社觉得这样的书名让读者不知所云，希望能改一个。事实上，第一章里两枚蛋是符驮村新生活的一个开始，后来就这样用了。

就时间而言，“当下”是转瞬即逝的。极端点说，“活在当下”只是我们的一厢情愿。我们很难“活在当下”，更多的是活在历史之中，活在惯性里，活在衔接历史与未来的一个转瞬即逝的夹缝里，是历史遗留和未来收留的一种活物。所谓“活在当下”，永远都是一种即时的应对。即时的应对不可能与经验、习惯无关，当然也有对经验的修正，有挣脱习惯的努力，我们就是这样“活在当下”，从“当下”进入“未来”的。可见，“当下”具有很大的不确定性，而逝去的历史具有相对稳定性，认知历史也就是认知当下，认知历史的真相，也就更可能确定当下的所在。拥有检索历史的能力，不仅是文学的问题，也是政治学、历史学、社会学的问题。拥有检索历史的能力，当下的道德教化，才会有质感，才会有的放矢，而不那么的空洞、干瘪、乏力。但我们早就忘了这一点。

的确，虽然文学没有能力解决社会问题，而是呈现社会问题，发问精神难题，也希望文学唤醒历史，拒绝遗忘。谢谢你，期待下次再聊。

设问人：魏策策　陕西省社会科学院副研究员

肖克凡

肖克凡，1953年生，天津人，天津市作家协会副主席。著有长篇小说《鼠年》《原址》《尴尬英雄》《天津大码头》《旧租界》等八部，小说集《黑色部落》《赌者》《你为谁守身如玉》《爱情刀》《唇边童话》《蟋蟀本纪》等十六部，散文随笔集《我的少年王朝》《一个人的野史》等四部。曾获全国“五个一工程”奖、中国出版政府奖、北京市文学艺术奖、《中国作家》优秀中篇小说奖、《中篇小说选刊》优秀中篇小说奖等。曾担任张艺谋电影《山楂树之恋》编剧。

写作如同吸烟成瘾喝酒成癖

在肖克凡看来，写作就是写自己，写自己的往事。往事不是人生阅历，往事也不是文学资源，往事就是往事，让往事经过精神发酵后成为文学作品，这就是肖克凡几十年来坚持的。肖克凡说，写作是作家对自我心灵生活的唤醒与发现，写作使得我们积累的人生情理经验从隐性转化为显性，点点滴滴呈现出来，成为写作的魅力所在。

近些年来，你以长篇小说写作为主，这几年终于恢复中短篇小说写作，此前是否遇到写作“瓶颈期”？

我前些年在写长篇小说，出版了《机器》《生铁开花》以及《天津大码头》，后又在作家出版社出版了另一部长篇小说《旧租界》。这几年我恢复中短篇小说写作，此前没有明显感觉遇到写作的“瓶颈期”，因为我早已不依靠所谓灵感写作了。我认为长篇小说写作是个工程，如宋诗所云：“道路漫漫马踏沙，山长水远路多花”，只要按图施工就是了。我写作《旧租界》时就是这种状态，好像民工盖大楼。

反观中短篇小说尤其短篇小说，其写作动因可能出于作者对现实生活的“应激反应”或者“心理反弹”，总之要求作者更为敏锐更为活泛，从而激发和唤醒作家固有的生活积累与情感积淀。

如果说长篇小说写作属于“按照图纸施工”，那么这种超稳定状态的写作，久而久之也会激发“心理反弹”，好像食素已久猛然撞见荤腥。我恢复中短篇小说写作，可能类似这种“应激反应”吧。于是这两年我发表了《昨天的虫子》《天堂来客》《团圆巷野史》《组合风景》《爱情手枪》《特殊任务》《紫竹提盒》，还有等待发表的《吉祥如意》《原来如此》和《灯火阑珊处》等等中短篇小说。

如此看来，长篇小说的“超稳定”写作状态与中短篇小说的“应激反应”，对我而言均为正常写作现象，可以说是“钝角”与“锐角”的互补效应。一个作家的写作生活就是这样，写着写着就会达成自身的平衡。

假如说我的写作出现“瓶颈期”，究其原因是我不愿意写作了，一旦恢复写作热情，所谓瓶颈期自然就会过去。有个青年编辑在退稿邮件里对我说：“佩服您还在坚持写作。”看来他是善意的，知道我是个尚未退场的50后作家。环视当下文学期刊市场，已然是青春貌美的天下。仍然坚持中短篇小说写作的50后，日渐稀少。面对如此景象我有些惶恐，担心自己成为“高铁霸座”式的文坛丑角。

不是我不愿意退场。我的写作如同有人吸烟成瘾有人喝酒成癖，我只能够慢慢戒掉，这需要时间。

长篇小说《机器》应该是你最重要的作品之一，主要描写工人和劳动模范的生活。此前社会上有种错误的观点，认为工人阶级已经消失，你写作这部“工人阶级史诗”所为何求？

问得好。长篇小说首先属于文学范畴。俗话说“文学是人学”，工人首先是人，既然是人就可以成为文学人物。百度说工人是“依靠工资为生的工业劳动或手工劳动者”，而劳动模范无疑是这个劳动群体里的典型人物，我认为举凡典型人物往往伴随极端倾向的人生，那么他们应当具有文学意义。

文学反映社会现实生活。至于有种观点认为当下工人阶级已经消失，我认为此说极其错误。只要这个世界还存在“劳动”行为，那么就有工人存在。即便跨进“人工智能”时代，也需要电子系统维护者。其实工人阶级也被称为劳动阶层即蓝领。所以说工人阶级在社会主义新时代仍然辛勤劳动着，而且必将继续辛勤劳动下去。只要“劳动与创造”这句话没有错，那么《机器》这部长篇小说就有其自身价值，至于你称《机器》为“工人阶级史诗”我实在不敢当。我只能说《机器》是一部工人家史，它展现了不同社会背景下工人的生存状态和存在价值，一言以蔽之：人的命运。

既然如此，改革开放市场经济背景下的工人阶级与你所经历的计划经济年代的工人阶级相比，究竟有哪些异同？你还会继续工业题材写作吗？怎样写？

继《机器》之后，我出版了长篇小说《生铁开花》，至今尚未触及工业题材。因为我的写作并未局限于工业题材，广义说我是“城市题材”写作者。而且我始终认为“题材”概念适用于高校中文系教学和文学研究机构，题材的划分对作家来说没有太大意义，我们祖先创作《诗经》时没有题材概念，却成为后世研究者的饭碗。

你问到如今改革开放市场经济背景下的工人阶级与我所经历的计划经济年代的工人阶级相比有何异同，有个现象很有意思，不妨分享给读者。

我1970年进工厂，身边有些工人师傅家在农村，自己在城市过单身生活。每年14天探亲假，麦收季节回家收麦子，秋收季节回家收玉米，个个都是庄稼好手。如今进城务工的农民兄弟，也是按季节回家收麦子收玉米吧。这就是历史惊人的相似。然而那时叫“工人”，如今却叫“农民工”。

我认为只要是劳动者，其本质就应当相同。只是处于不同的时代，被赋于不同的身份。无论在国企还是民企工作，你是城市户籍叫“工薪阶层”或“蓝领族”，你是农村户籍叫“农民工”或“进城务工者”，这两者社会地位福利待遇很不相同。我认为，这正是我们文学面对的社会现实，这也是工业题材创作面临的新课题。

为了鼓励工业题材的文学创作，有关方面发起“中国工业文学作品大赛”，如今已经第二届了。我期待深刻反映新时代工业生活的文学佳作的出现，让我们能够读到“工业文化”的光影。

我一直关注你小说中现代性与传统生活的结合。以《都是人间城郭》和《天津大雪》为例，这是两部如风俗画般的中篇小说，传统人物和世俗细节充盈得近乎爆炸，但读后感觉其内核是冷酷得近乎残酷的现代主义。你是怎样做到的？

谢谢你记得这两部中篇小说。已经写到这把年纪了，回顾写作时光总要审视自己：你是个什么样的作家？就算是给灵魂照照镜子吧。思来想去，认为自己基本属于现实主义作家，我毕竟写了那么多被称为现实主义文学的小说嘛。然而，可能我内心并不那么安分，写小说时也不那么安分，经常逸出“现实主义”范畴。

我承认存在这种情况。至于出现这种情况的原因，我也说不大清楚。因为写作过程中存在“自觉”与“不自觉”现象，我的写作可能有时处于“不自觉”情形中。于是，现实主义土壤长出了现代主义的苗苗儿。

另外，这可能与我的生活经历有关，我从小是个不乏悲观色彩的人。比如家长吩咐我去买小白菜，我首先反问没有小白菜怎么办？家长斩钉截铁地说肯定有小白菜，我还要问万一没有小白菜买小油菜可不可以。

“万一”，这是个关键词。如今回忆起来，我为何那样忧患菜市场没有小白菜呢？长大成人渐渐明白，前景的不可知，环境的不确定性，这本身就含有现代主义的元素。尤其儿时的生活际遇，比如生活动荡与家庭变故，使我童年形成“命运难以把握”的情结，这种心理烙印正是我小说内核包含现代主义元素的来由吧。

曾经跟江西作家江子谈到《局外人》，他说那年出访阿尔及利亚，穿行于阿尔及尔的大街小巷，走过店铺与教堂，极其惊诧地发现街灯下发呆的男子，海边吸烟的姑娘，端着啤酒的老人……一个个对生活处于游离状态，无不活灵活现还原着“我的行为，我的情感，我的存在，与他人无关”的“局外人”形象。当时江子强烈地感觉到加缪的小说近乎写实了。

我当即受到启发说：“现代主义可能是我们尚未置身其间的现实主义。”江子表示赞同我的表述。

你未来的写作中是否有意开掘“新世俗人物”与“旧世俗人物”的不同？

我的小说《都是人间城郭》描写天津解放前夜的众生相——表现了“一切皆未确定”的时代巨变。《天津大雪》则展示了天津沦陷时期剧中人的“人生错位”造成“命运撕裂”，从而导致南辕北辙的人物命运与结局。这两部小说里确实闪烁着现代主义光影，甚至渗入小说内核。然而，这两部小说均被评论家称为值得关注的现实主义作品。

这种二律背反的现象令我重拾曾经对江子说的话：“现代主义可能是我们尚未置身其间的现实主义。”

至于你认为我的小说里“传统人物和世俗细节充盈得近乎爆炸”，这是夸赞。不过我写小说确实盯紧人物，牢记“情节是人物性格的历史”这句名言，深知小说故事情节都是人物产生的，尤其传统意义的人物更是如此。

小说人物的行为构成故事与情节，但是小说人物的魅力离不开细节描写。有句名言说“细节是雄辩的”，它令你无法反驳。我在写作过程实践着这句话，果然感受到小说细节产生的魅力。

我的长篇小说《旧租界》里叶太太就是传统人物，她的人生轨迹也是三进三出三起三落，最终命运画了个大大的圆圈，看似重返原点实则丧失了原点。通过叶太太这个人物，我以大量细节表现我们文化在传承中发生的流失与守望，譬如叶太太怎样从工程师太太蜕变为蓝领工人的媳妇，过起柴米油盐的世俗生活，最终还是分道扬镳。我试图以象征手法表达人性力量的起伏与消长，譬如那只大白猫，譬如偷渡者李秀仪，譬如埋藏黄金的苏娘娘，譬如远郊的那座垃圾山。

总之，长篇小说《旧租界》延续了我的文学追问——我们生命的价值究竟在哪里？

另外，你谈到“新世俗人物”与“旧世俗人物”有何不同，以前没有人谈到这个话题。我觉得只要“世俗生活”的本质没有发生深度变化，那么新世俗人物与旧世俗人物相比，只是生存于不同的时代而已。我近期发表的中篇小说《橙子熟了》主人公就属于“新世俗人物”吧，这个年届六旬的“老炮儿”成长于红色年代，身染戾气，年届花甲与社会丑恶势力对垒，最终玉石俱焚。他的终结是毁灭还是涅槃呢？这是

“新世俗人物”的形象诞生还是“旧世俗人物”的性格延伸？我很难说清楚。

不过，这个“老炮儿”的人物性格内涵毕竟承接着昔日天津海河码头的习气，使人觉得它是从传统文化内核派生而出。记得你我当年做过一个访谈，题目就叫“一切都没有改变”。今后的高科技人工智能，可能会使得文化发生某种变异。近年来出现的网络语言“也是醉了”“笑出猪叫”……这些话语已然生成新的世俗生活表达，从而出现“新世俗人物”，这正是作家必须面对和思考的文化现象。

关于“新世俗人物”的塑造，现实主义和现代主义是否不敷使用？你是否考虑以其他思想方法或艺术手段开掘写作题材？

其实，我也曾经试图更新思想方法和变换艺术手段，从而加深题材开掘并丰富表达方式，但首先要弄清“新世俗人物”的存在意义，目前我尚未找到开启自我心智的门径，徘徊在现实主义与现代主义之间，仍然“一脚门里一脚门外”，不得其法。

说起世俗生活与世俗人物，那么它必然对应着非世俗生活与非世俗人物，从词义解释非世俗生活即宗教生活，非世俗人物即宗教人物。显然这不是我们要讨论的话题。假若面临亟待确立信仰的时代，我们无疑置身于世俗社会生活，满眼皆是饮食男女，人人皆为世俗人物。至于“新世俗人物”的塑造，我认为要以宏观视野发掘社会题材，以微观目光聚焦人物心灵，前者是现实主义范畴的博览，后者是现代主义语境的内化。

从这个意义上讲，凡是缺乏心灵化的文学人物，凡是缺乏精神含量的故事情节，都会使小说停留在淹不死人的浅水湾，当今的“新世俗人物”肯定在深水区扑腾呢。

在早期的重要作品《黑砂》系列中，你使用了大量“粗鲁”的“工厂话语”，在后来“天津题材”的作品中又使用了许多“本土话语”。我想知道在文学行业普遍使用“公共话语”的环境下，你为什么要坚持在作品中掺入“本土话语”？

《黑砂》是我的中篇处女作，之后我写了《黑色部落》《遗族》《黑字》《黑味》《黑圈》之“黑色系列”小说，其中使用了大量“工厂话语”。这些小说当时引发关注，可能是因为这些“工厂话语”充斥其间吧。比如我引用歇后语，还使用充满民间智慧的歌谣，这诸种形式都是工厂文化的产物，我就就地取材了。

那时候文坛还是个文明场处，突然出现我这等粗鲁人物，倒也觉得新鲜。记得滕云先生特意写了题为《黑砂的新视界》的评论文章，大意是说这篇小说跟以往工业题材小说不同，没有使用“公共话语”而是找到独特的“文化视角”。

小时候阅读近现代文学大师的文章，深深感到他们用自己的嘴说话，而不是像广播电台念别人的稿子。这种印象显然影响了我，后来学写小说总是告诫自己，尽量少用别人经常使用的词语，要用自己的语言写自己的小说，即便镶了假牙也不要用自己的嘴复述别人的话。1994年我告别纸笔改用电脑写作，特意删除输入法的“词语联想”功能，我不愿意在键盘上打出个“大”，随即屏幕出现“大地大风大雪”的相关词汇，我不愿接受这种预设的程序服务，我要自己找词汇写作。

有时翻阅当下文学期刊，我发现有的小说文本以叙述为主，有的甚至通篇叙述到底，完全彻底放弃描写、对话、议论等等文学元素，有的甚至露出“翻译体小说”的底色。这些作者显然受过专业的文学教育与写作训练，娴熟地使用着“公共话语”使读者获得节奏流畅的阅读感受。然而我还是觉得这样的作品在彰显文本共性的同时，可以增加文学个性的魅力。

当我渐离“工业题材”转入“天津题材”小说写作，仍然在作品里掺入“本土话语”，以期保持自己的写作特色。至于怎样将“本土话语”文学化，我的体会是作家首先要了解本土文化的品格特征，竭力寻找本土文化的艺术魅力，之后才是将其文学化的过程。

例如市场上小贩叫卖盆花。我问他这花好不好养活。我将他的回答文学化后可以这样写进小说里：“您呐放心！这种花最没脾气，你把它扔进旮旯不搭理它，它还厚着脸皮活着，只要您不用开水浇它，等您活到九十九它还没死呢。”

这就是天津地域文化的市井语言。它是落地有声的，也是落地生根的。它既属于引车贩浆的市井，也属于文学叙事的殿堂。但是，置身“全球化”背景与互联网时代，我们的汉语写作面临新的形势。有言道，“越是民族的就越是世界的”，如果套用这句话是否可以说，“越是地域的就越是公共的”呢？看来这是个问题。

例如老舍先生以京味儿形成小说审美特征，还有以“山药蛋派”传世的赵树理先生，他们的著作或流传于民间或陈列于现代文学馆，光芒万丈。然而，时至今日无论“京味儿”文学还是“山药蛋派”流派，只觉得继承者日见稀少，颇有国宝大熊猫的趋势，尤其70后、80后以至90后青年作家群，尚未听闻有其继承衣钵者出现于中国文坛。

你是怎样将“本土话语”文学化的？

就汉语文学写作而言，我们的小说肯定拥有相对稳定的读者群，不大也不小。就其华人世界而言，这个读者群可能分散在五大洲四大洋。汉语小说的读者群，就好像大洋里一个个岛屿，不会轻易剧增也不会轻易骤减。

假设汉语小说作为全球华人世界的叙事作品，她的“此读者”可能在夏威夷，她的“彼读者”可能在西藏的阿里地区。如果我们用纯粹的地域语言来讲叙地域色彩浓烈的故事，那么不同地域的读者很可能会产生阅读障碍，有些极具地域色彩的小说语言，其它地域的读者可能难以读懂。从这个意义讲，讲粤语的广东读者对老舍作品的语言感到隔膜，对岭南作家黄谷柳的小说会倍感亲切。以互联网为传播方式的阅读时代，汉语小说很难大量产生充满地域风格的作家了，因为“山药蛋派”的后代已然改讲普通话了。

全球化背景和互联网时代，确实对“本土话语”发出挑战。而极具地域审美特征的汉语小说，面对操持“公共话语”的庞大读者群，“越是民族的就越是世界的”这句经典话语同样受到严重挑战。我所模拟的“越是地域的就是越是公众的”这句话同样受到质疑，因为读者群里已然流行“公共话语”了。

所以，“公共话语”最终会归于一种文学上的审美？

是的，在“公共话语”广为流行的社会里，作家以“本土话语”写作，完全属于文学审美范畴，它依然闪耀着艺术理想精神。今后的“本土语话”还是属于文学意义的，它既不排斥汉语的曼哈顿读者，也不囿于汉语的黄土高原，努力表达的仍然是文学审美与人类精神。面对“地球村”概念，坚持“本土话语”写作，无疑任重而道远，永远处于艰辛探索道路上。

一个作家对独特写作风格的构建是件很复杂的事，除了独特的语言风格，你在其他方面做了哪些让你作品与众不同的努力？

这个问题很难回答，因为我平时缺乏这方面的思考。作家注重语言风格固然重要，然而语言毕竟是思想的外化，即“语言是思想的直接现实”，所以我还要从“作家是如何思维的”谈起。

如何让作品与众不同，无论在构思状态还是写作阶段，具体说就是要经常冒出不同常规的“古怪想法”，从而逐渐形成这种有别于他人的“感性思维方式”，这是追求独特写作风格的“基本功”。

举个例子吧。加油站操作员向我推荐49元一小瓶的液体，说它提高燃油效率，可以多跑路程。有的车主就花49元加了这种液体。

我突然冒出“古怪想法”就问操作员：“我把49元钱加成汽油，不是也可以实实在在多跑路程吗？”

加油站操作员面对“实实在在”四个字，只有放弃回答。因为花49元钱加成汽油能够多跑路程，这已然是无须验证的常识。而他的那小瓶液体是否可以多跑路程，几乎难以验证。我之所以突然冒出这种有别于他人的发问，可能跟我经常写小说有关，因为我经常处于“假设状态”。

于是，具备有别于他人的“感性思维方式”，经常处于“假设状态”，不断以“古怪想法”向日常生活发出诘问，时刻保持自己对世界的特异感受……我如此这般地写作，已经成为新常态了。

小说形式当然重要，有言道“形式就是内容”。小说结构也很重要，有言道“结构是内容与形式的统一”。我的体会最终还是要落脚在文学思维方式上，从而外化出“近乎刻薄的表达方式”。

我这里使用“刻薄”旨在说明文学语言的特殊属性。这里的“刻薄”包含尖锐的意思，但是不含贬义。“不怀好意的表扬”“貌似中肯的批评”，将作家的特异感受以“刻薄得近乎变形”的方式表达出来，比如“小户型的天堂”“低辈分的自负”“几近潦倒的富足”这类句子，它既是夸张也是写实，既是主观色彩的表述也是客观模糊的存在。

写作不要赶文风的浪头，不要追文学的时尚，只要坚持自己的思想感受与思维方式，虚心学习而不刻意模仿，及时充电而不僵化自我。

如果说写小说不应当忽略大众化，那么写作过程中的“大众”就是你自己。如果说写小说还应当追求个性化，那么写作过程中的“个性”更是你自己。在“大众化”与“化大众”之间，可能产生所谓个人风格。

你以写小说为主，也曾涉及影视编剧，比如张艺谋的电影《山楂树之恋》就是你编剧的，写剧本跟写小说相互矛盾吗？

我写过电影剧本也写过电视剧剧本。我理解写小说与写剧本是两种功用不同的劳动。

一个作家写出小说，可以视为成品了，根据编辑意见修改与润色，也很正常。影视剧本则不同，你被聘为编剧，写出剧本首先得到的反馈必然是修改。天下似乎没有不经修改就投拍的剧本。因为导演要提意见，投资方也要提意见。改来改去，有的剧本的投拍稿与剧本初稿相比，相似度不足30%甚至面目全非，变成另外一个故事了。于是很多编剧说“修改剧本成了导演的职业病，他们拿到剧本条件反射就是赶快修改。”我认为这是抱怨。

道理很简单。小说是作家独立完成的。电影或电视剧的剧本，只是影视工程的第一道工序。影视制作行当众多：编导演，摄录美，服化道，诸多工种形成工序，最终成品属于导演。从这个意义上讲编剧是在打工，写剧本属于职务行为。有些在文学领域取得很高成就的作家，往往难以确认这种角色，于是与投资方和导演产生矛盾。我对编剧角色认知比较清醒，因此在写《山楂树之恋》剧本过程中与张艺谋导演合作融洽。事后有出版社要出版《山楂树之恋》电影剧本，我告诉编辑先去找这部电影的投资方协商，这样便避免矛盾产生。

假如，我是说假如十年内只允许你写作一种题材，你会选择哪种题材?

新潮时代的老派人物，信仰真理的世俗生活。

还是假如，假如你可以无所顾忌、随心所欲地写作，你会讲些什么故事?

神变成人的故事，自由王国的故事，遥远天堂的故事，英雄出世的故事，还有我爱的人和爱我的人的故事……

最后一个假如，假如不允许你写作，你还能干些什么?不许什么都不做。

我会坐在苹果树下冥想，然后起身行走，边走边唱成为一个说唱艺人。请注意，不是成为行吟诗人而是成为说唱艺人。当终于看到晚霞燃烧天边，我将泪流满面。

谢谢龙一的访问。

设问人：龙一 作家，电视剧《潜伏》《借枪》原著作者

邱华栋

邱华栋，1969年生，新疆昌吉人，中国作家协会书记处书记。主要作品有长篇小说《夜晚的诺言》《白昼的躁动》《正午的供词》《花儿与黎明》《教授的黄昏》《单筒望远镜》《骑飞鱼的人》《贾奈达之城》《时间的囚徒》《长生》等，中短篇小说集、建筑评论集、散文随笔集、诗集等九十余种。曾获庄重文文学奖、老舍长篇小说奖提名奖、林斤澜短篇小说奖、《小说选刊》年度奖、郁达夫小说奖提名奖、《西部》文学奖等十多次。

敬仰限制了我对历史的艺术狂想

在邱华栋的客厅，有四扇屏风，画中既有中国人，也有西洋人，既有古代人，也有现代人。他常常打开屏风，一边喝酒一边观赏在屏风上“活动”的人物，思绪开始蔓延，往来东西，穿梭古今，兼备文武，组装进自己想象的世界。如果把文坛比作一池春水，邱华栋少年成名，又是中文系科班出身，且自小拜师习武，兼具天马行空的性格，让他的存在成为一颗不定时炸弹，你不知道他下一步会在哪里发动攻势，引起滔天巨浪。

最近，我看你推出了一部长篇小说《时间的囚徒》，另有两部短篇集《十一种想象》和《十三种情态》，散文随笔集《蓝色》，还有一本“截句”式写法的诗集《闪电》，你怎么这么多产？

你看，我是四面开花呢。不过很多作品是我写了多年才完成的。像长篇小说《时间的囚徒》，写了六年了。

你创作这部小说的初衷是什么？我们应该怎么阅读历史小说？

我此前的写作，大部分都是“与生命共时空”的文字。写的都是当下的城市生活和内心体验，与个体生命的当代感受有关，但有时候，也想做一些题材的转换和调整。我的客厅里有四扇屏风，我常常打开屏风，一边喝着葡萄酒或是威士忌，一边观赏上边活动的人物，读着那些外国人写的关于中国的书，于是，顺理成章，就有了《中国屏风》系列小说的写作。小说都依据历史上真实出现的人物进行创作，他们都写下了来华的传记或者见闻录。比如，英国人伶俐写的《太平天国亲历记》，英国人普特南·威尔写的《庚子使馆被围记》，英国人戴安娜·安普顿写的《外交官夫人回忆录》等。我的四部小说的主要人物，分别是几个法国人和英国人。

在19世纪到20世纪这百年间，他们以各种方式来到了中国。于是，他们个人的命运与中国发生了密切的联系。这一历史时期，也是中国作为东方大国，和西方，主要是欧洲国家交往、碰撞最为密切的时期。大清帝国晚期的衰落与西方国家在工业革命之后的蓬勃发展、意气风发与昂扬进取形成了鲜明的对照。由此，也展开了中华民族在20世纪百年里的艰难求索、寻找自我发展道路的曲折奋斗。所以，我写这个系列小说，也是为了探讨中西方国家之间的关系，以及在那些年里是个人的命运如何与中国命运发生碰撞、了解、纠缠和互相打量。我们可以看到，中国汇入全球化的浪潮中，已经很多年了。

《时间的囚徒》首先吸引我的就是叙事方法。在这部小说中，分别从父亲的角度、女儿的角度、儿子的角度，讲述了三代法国人和中国的故事，他们都叫菲利普。为何选择这样一种新奇的方式？

小说的结构和叙事艺术，是一部长篇最重要的地方。我写的历史小说，就是为了寻找一种他者的眼光和源自内心的声音，为的是描绘出小说主人公声音的肖像，使他们活起来。这部小说在叙述上非常有特点，叙述语调分成了多个声音：第一代人的故事由第二代人叙述，第二代人的故事由死去女儿的亡灵叙述，第三代人是在脑震荡的情况下自己靠意识流叙述。第一代人的命运主要在几年内展开，第二代人关于中国的回忆持续了七年，而第三代人在1968年巴黎的“红五月”间，发生了很多故事。这样读者会有一种时间的错落感，从而对时间和时代与个人的关系产生思考。因此，这本书有两种读法，你既可以按照我现在的章节顺序阅读，可以感觉到不同时间和时代的差异，感受到历史变换的复杂感受。还有一种读法，就是将三代人的故事跳着读，读第一代人的故事，按照一、四、七、十、十三……的节奏来阅读，读第二代人的故事，就按照二、五、八、十一……的顺序读下去。可能会有不同的感觉。

对历史的打量，总是可以找到当下的价值，并折射出深层意义。从《时间的囚徒》书名看，你是在探寻历史深处的生命意义吗？

《时间的囚徒》是一部历史小说，结构严密，时间跨度较大，很考验作家把握宏阔题材的能力。第一代菲利普是跟随八国联军在1900年来到中国的，参加了对北京“庚子之变”的使馆解围战斗，而后留在了中国。第二代菲利普是个中法混血儿，在1957年被打成了右派。小说的第三条线索，是参加法国1968年“红五月”的巴黎街头运动的第三代菲利普，爷爷、父亲和儿子三代法国人展开对清末、民国到当代法国社会的回忆，是历史的见证人和参与者。我的朋友，曾旅居英国多年的著名作家虹影说：“从西方人的心理体验世界，从西方人的角度反观中国——小说自然会冲破藩篱，令人眼界一新！”西方作家敢用东方人的视点写小说拍电影，中国作家为什么不能？如果文化理论中有“东方主义”，那么文学创作中也有“东方主义”。我想，她对我的评价是准确的。

你的《中国屏风》系列长篇小说，都是描写近代以来西方人在中国的境遇的，为什么选择这样一个视角？

中国全球化的历史在1840年鸦片战争前就开始了。传教士、商人、冒险家和旅行家，还有一些考古学家，络绎不绝地来到了中国。他们怀着各种各样的目的和对中国的想象，在中国度过了他们一生难忘的岁月。这些年，外国人在中国的回忆录、亲历记出版了不少，成为我们了解中西方交流史的重要资料。但从文学角度来观察他们，来书写他们，可以说是凤毛麟角。于是，我的《中国屏风》系列长篇小说《贾奈达之城》《单筒望远镜》《骑飞鱼的人》《时间的囚徒》，就是以近现代史上外国人在中国的生活经历，来创作的。我试图找到更高的坐标系，在全球化语境中，展示文明和文化间的冲突与交融。可以说，这几本小说的确有着独特的审美经验和题材的特殊性，情节也很精彩，至少都是优美凄婉的爱情小说，又达到了一种新历史主义小说的高度。而从西方人的心理体验东方世界，从西方人的角度反观中国，冲破了当代汉语小说视野狭窄的藩篱，将一个全新的东西方相遇的历史传奇带给了我们，使大家在历史惊人的一瞥中，看到了世界的真实裂缝。

《中国屏风》系列小说，使用的都是远离我们日常生活的意象和词语，其实深意存焉。“屏风”遮挡了现实生活中赤裸裸的“物质”和“欲望”。正如克罗齐所说的，一切历史都是当代史，“只有对现实生活产生兴趣才能进而促使人们去研究已往的事实”。能结合你自己的创作体验谈谈你对历史书写的看法吗？

一个作家的写作资源总是有限的。我的写作资源，一部分是当下都市生活，关于这一部分的写作，我是“与生命共时空”的，这是刘心武老师在1994年为我作序时的评价，很准确。包括了《正午的供词》《教授》等几部长篇，一百多篇中短篇都是如此。都市小说等于是我用左手写的小说。作家需要拓展自己的写作题材并不断变换风格。一种题材写烦了，写腻了，一定要换换脑筋，于是，我就想用右手写一些历史小说。也就是说，换换手，换换题材，换换感觉，换换脑子。就像做一个长跑运动员式的写手，需要歇歇脚，换口气。

从20世纪90年代开始，历史叙事成了一个非常热门的话题，特别是“新历史小说”成了一股重要的创作潮流，后来当代文坛上有影响力的作家几乎都介入了历史的书写，但出于对“十七年”文学中“革命历史小说”有意识的反拨，基本上都是以小说的形式来表达对“历史”本身的认识，而且很多都只能通过家族、村庄来与历史接轨。

是的，在1980年代末期开始，当代文学中出现了一种“新历史小说”的潮流。不光是先锋派、实验小说家如莫言、格非、余华、苏童、张炜写了不少中短篇历史小说，改变了当代小说的题材和形式的局限，拓展了想象历史的空间，还有一些面向大众的、写帝王将相的历史小说家，如二月河、唐浩明、熊召政等人，也很受欢迎。张炜、阿来的涉及家族和边地民族关系的历史小说，如《古船》《尘埃落定》，成就很高。2000年之后，还有李锐、叶兆言、苏童、阿来被邀请进入到“重述历史”的全球作家写作计划里，也写出了涉及中国历史与神话传说的长篇佳作。因此，我觉得，历史小说的写作，在新时期文学中占据了十分重要的地位，也有着很丰厚的收获。但是其文学价值，还需要有心的学者来仔细地研究。所以，我觉得当代历史小说的写作，超越了你说的“十七年”时期对历史小说的理解，也超越了你说的“以家族和村庄来与历史接轨”。其实，关于历史的想象，是可以无比丰富的，也是有无限可能的。

一个作家要变得沉稳大气，肯定会跨越时间和空间的限制，但一些作家在进入历史后依然显得很局促，因为历史的真实和艺术的真实的确很难把握。你在历史书写中是否也遇到这样的问题？

我在写长篇小说《长生》的时候，就遇到了这个问题。一开始，我是先写了一个中篇小说，发表在《作家》杂志上。出版社一个朋友建议我扩写成一部长篇，我就进行了扩充。这部小说的主人公是丘处机和成吉思汗，这是两位杰出的历史人物，是真实的，因此，在面对他们的时候，我就着重于历史的真实，并没有展开艺术的宏大想象。如果我有吴承恩的本事——他能将玄奘西行写成《西游记》，我也可以把丘处机和成吉思汗见面的事情写成天马行空，想象力奇崛的那种神魔作品啊。最后，我却老老实实地写了一部基本写实的历史小说，我在桌子上摆放着十多种如《元史》《长春真人西游记》等书籍，以及各类能够让我标示丘处机西行路线的历史地图集来帮助自己写这部小说。而且，丘处机的诗词引文也是原文。丘处机和成吉思汗见面时的谈话，我是按照耶律楚材等人的记载来翻译的。所以，我对这部小说并不是特别满意。之所以写成这样，是因我对丘处机和成吉思汗这样的历史人物的敬仰，限制了我对历史的那种艺术狂想。这是没有办法的事情。我在武大读本科的时候，就找到了很多丘处机的诗来做笺注，纯粹是一个爱好。这影响了我写这部小说。

你多次说你最心仪的历史小说家是尤瑟纳尔，是因为艺术取向一致，还是对人生的体验和认知方式相似？或者只是向往她以及她笔下人物的那种文化人格？

我最喜欢的历史小说家是法国作家尤瑟纳尔、意大利作家伊塔洛·卡尔维诺和翁贝托·艾柯。我也写过关于他们三个作家的阅读评论。尤瑟纳尔给我的启发是，她笔下的主人公，无论是罗马皇帝，还是古代炼金术士，或者是古代的普通人，都带有声音身体的可感性。她写的人物，在我看来是“历史的声音肖像”，是非常生动可感的。而卡尔维诺赋予了历史小说哲思和趣味性，还有一种奇特想象的甜蜜感。艾柯的历史小说大都是关于欧洲中世纪的，他的现场感很强，他所有的历史小说，都像是一种不断改变叙事策略的侦探小说，带有强大知识谱系的历史猜谜小说，因此，也有趣味性。我希望我今后能写出这样的历史小说，就是说，含有“历史的声音肖像”，又可以赋予历史现代意义，是非常具有趣味性、有想象力的作品。

你如何看待当下写诗的氛围？

我觉得今天的确是一个能够写出好诗的年代，因为参照系非常丰富，从古到今，从中到外，那些开放的诗歌体系，你都是可以学习的，也都是可以激发出自己状态的，所以，诗人不要埋怨别人，写不出来好诗就怪你自己。

诗歌写作对于你，意味着什么？

对于我来说，写作诗歌是我保持语言鲜活度的唯一手段。诗就是这样，我开始接触文学就是从诗歌开始的，因为，诗歌是语言中的黄金。诗的特殊性在于浓缩。浓缩到了无法稀释的就是诗。我收藏了两千多部汉语诗集和翻译诗集，装满了三个书柜。我总是在早晨起床后和晚上睡觉前读诗，以保持我对语言的警觉。我希望我的小说有诗歌语言的精微、锋利、雄浑和穿透力。诗歌和小说的关系是这样的：伟大的诗篇和伟大的小说，只要都是足够好，最终会在一个高点上相遇。

设问人：陈仓 作家，诗人，媒体人

邵　丽

邵丽，1963年生，河南西华人，河南省文联主席，河南省作家协会主席。主要作品有长篇小说《我的生活质量》《我的生存质量》，中短篇小说《王跃进的生活质量问题》《刘万福案件》《城外的小秋》《第四十圈》《明惠的圣诞》《挂职笔记》等，散文集《纸裙子》、诗集《细软》等。曾获鲁迅文学奖、《小说选刊》双年奖、《人民文学》年度奖（两次）、《小说月报》百花文学奖（两次）、《十月》文学奖、林斤澜短篇小说奖等。

我真正的职业是母亲和妻子

邵丽对苦难的理解和书写早已超越了苦难本身。她说，如果我们把苦难理解成悲哀，那我们的姿态比苦难本身还低，就被苦难压迫着根本无法超越。只有在苦难里锤炼了信念，在打击面前才能挺住尊严。在邵丽的每一部作品中，几乎都可以找到挺住尊严的人——王跃进、刘万福、明惠、齐光禄、王祈隆……他们充满着不屈与抗争，甘愿在苦难里磨练，也不愿向苦难低头。

你出生在豫东南一个三省交界的小城镇。我也出生在一个小城镇，虽然离开了那里，但小镇的人和物都那么鲜活地存在于脑海中。我想你对小镇的感悟也一定是特别的，带有情感的，就像沈从文的湘西、鲁迅的鲁镇、莫言的高密一样，是具有无限想象的地方。很好奇，这样一个小镇，在你的文学王国中，是如何启蒙你走向更深处的精神世界的？

严格意义上讲，我的小镇并不是故乡。我们这些孩子在成长中随父母工作地变动而游弋，是无根的浮萍。我所说的小镇，只是童年记忆的一部分。其实，对于我们这些60后的作家来说，“小镇”所具有的象征意义更大，说不上这种感觉是幸福还是伤感。毕竟，滤尽严酷之后，好像留下来的都是温暖。因为小镇既关乎我们的出生，也关乎我们的成长。最早启迪我的那些文学作品，比如《红楼梦》《钢铁是怎样炼成的》，都是在某一个小城镇遇见并阅读的。所以，小镇既是我们文学的出发地，也是大本营。

你说，你是一个现实主义者，所有的作品，双脚都插在黏糊糊的现实世界里不能自拔。从小城镇走出来，到大城市生活，再到县城挂职，在这种城乡转换的过程中，你的情感经历着怎样的变化？对你的文学观和作品产生了什么影响？

河南是一个文学大省，河南的作家大部分都在写农村生活。其实开始的时候我是一个另类，我一直在写城市，当时我觉得自己最得心应手，或者说最能展开想象的还是城市。直到我去基层挂职，沉到农村最底层，才看到了我应该看到，并且还能说出来的东西——公平、尊严的缺失，以及我们对底层社会的忽略。在那种语境里，你找不到任何比现实主义更能表达愤怒、同情和遗憾的写作手段。后来有的评论家说，回到现实主义里，我的作品降低了好几个维度。我宁愿如此，或者说，我刻意如此。一个作家要有温度，也要有态度。

在这样的文化土壤里，栽培出了《王跃进的生活质量问题》《刘万福案件》《挂职笔记》《城外的小秋》《明惠的圣诞》《第四十圈》等优秀作品。不同于恢弘的史诗叙述，你的关注点都比较细微具体，你关注像王跃进、刘万福、明惠、齐光禄这些底层出身的小人物。在这里，是什么打动了你或者说俘虏了你，让这些底层小人物走入你的内心世界？

两年多的挂职生活，让我遭遇到了许多个作品中的人物，或者故事。相较于宏大的叙事，这些卑微的人物可能离我们更近，或者换句话说，“他”就是我，即使不是今天的我，也是昨天的我。从更大的生存范围来说，我们一直到现在，都可能没有走出他们的宿命。发生在刘万福、齐光禄身上的那些故事，都不是孤立的、偶然的，那是大概率事件。所以，我觉得这就是他们进入我的小说的历史必然性。我把他们的道路或者命运指给更多的人看，只是企望有更多的人关注我们的周围，关注我们自己可能陷入的陷阱。

在你的作品中我读出了你对小人物天然存在的悲悯。你毫不避讳他们出身的卑微，他们想法的天真，他们为获得有尊严的生活而对命运进行的抗争。不修饰、赤裸展现，反而构成了你小说的厚度。这也是为什么你的中篇小说《明惠的圣诞》会获得第四届鲁迅文学奖。在这个有点残酷和冷漠的时代，悲悯对于文学的意义非同小可，想知道这与你的性格有关吗？你的性格对你的文学品格产生了什么影响？

也可能跟我的性格有关，我是一个悲观主义者，不管我用多乐观的态度面对生活，但骨子里是悲观的，甚至可以说有忧郁症倾向。不过我的这种性格，对作品的影响倒不是很大。我的作品很少无病呻吟，也没有幽闭的姿态。我更倾向于开放、明快、粗线条的表现风格。至于悲悯，确实有，有时候是一种深刻的同情，或者是回天乏术的无奈。

不少读者对你小说的评价是“过目不忘”。掩上书页，你塑造的这些人物同样在我脑海挥之不去。刘万福三生三死，如同迷魂阵；明惠就像身边的无数洗头小妹，从农村到城市闯荡。在《刘万福案件》一开头，你就“被故事绑架了”，在你看来一个好故事与一个好小说之间有什么样的关系与差别？你是如何把故事最终“加工”成小说的？

故事跟小说既有相似之处，也有很大的不同。即使小说本质上是讲故事，但那也是加工成小说的故事，它能从小说里站出来。我的小说基本上都是脱胎于故事，很多是真人真事。我觉得把它加工成小说，主要是要看别人看不到的东西，比如《第四十圈》，让人悲哀的不是杀人和被杀，而是故事里的作恶，你根本不知道凶手是谁，也分不清谁是好人坏人。这些东西，故事是表现不出来的，只有小说能够。

小说中人物的选择不同于现实的人生，它有虚构的成分，可以充满戏剧性，结局也并不是不可逆转。你写完《第四十圈》时感慨，如果有一个正常的社会环境，齐光禄会成为一个好老板、一个好丈夫和好父亲。你在选择这些人物的命运时，你是如何考量的？他们一定要那么活着吗？

他们一定要那么活着！他们别无选择！这才是最悲凉之处。

这些时代背景下的人物，如今看来依然具有一定的普遍意义，他们仍旧活在当下以及未来。你觉得，这么多年来，他们的现实境遇是否有改观？

从总体上讲，社会是在进步。这个进步既是物质层面的，也是精神层面的。但就个体而言，由于在市场经济下的资本碾压，有些人的生活不但没有上升，反而还在下沉。我觉得这不仅在中国，全世界都面临着这个问题，可能在当下中国更突出一些。因为我们是城乡二元结构，农民进城的过程是残酷的，惊心动魄的。但不进城，生活会更悲惨，这就是我们的现实。

通过你的作品，不少读者感悟到人生的不易，更能理解底层人生活的不容易，感慨自己其实就是一分子，从而在精神层面得到共鸣和慰藉。你觉得，深刻的文学作品最终的功用是什么？是要还原生活还是要高于生活？如果是高于生活，那么高出生活的那一部分是什么？

生活永远比小说精彩，所谓高于生活，也仅仅是角度不同，而不是本质意义上的高。但具体到一部作品上说，它应该是高于生活的。即使作家有还原能力，那也只是其中的一部分，而且很具主观性。那么这个

“高于”的部分，就是他的判断和批判能力。

你的长篇小说《我的生活质量》以及《我的生存质量》，很好奇为什么用了两个相似的标题，一个是“生活”一个是“生存”，你如何看待这两种状态之间的关系？

这个问题真不好回答，有些事情也不是作家完全可以自己做主的。《生存质量》在杂志发表时的题目是《糖果》，呵呵。

在《我的生活质量》中，你依旧写了来自底层的人物王祈隆，把他置身于官场这样的环境下，却并没有按照“官场小说”的套路，书写官场里的某些规则，而是指向了另一个方向——官员的感情生活。这个角度十分新颖，当初你是如何考量的？据说，你的先生曾经从过政，这里面有他提供的生活素材和体验吗？

当时真正的想法就是还原官场生活，其实中国的官场就是一个生活场，它不会独立于我们的生活现场。之所以有人把它神秘化，我觉得是臆想的成分多一些。我先生过去从政，作品里也有他的生活，更多是我官场朋友们的生活。我在作品中想要表达的，是一个时代的综合状态。

有些评论家把《我的生活质量》定义为“官场小说”，你如何看待这些贴标签的归类？对读者来辨识文学价值来讲，是有助于还是会阻碍？

这样的标签我确实哭笑不得，但也没有错，毕竟写是的官场人物，只是没有按官场的套路写。对不同的读者，可能产生的效果不一样。

在你的大多数作品中，男性为主人公很常见，却很少有以女性为主人公的。《我的生存质量》则以“我”这个有婆婆有丈夫有奶奶的名为“金地”的女性为叙述人。所以也有评论说这是你的自传式小说，你认同这种说法吗？以女性为主角，对身为女性的自己来说，是利于书写还是难于书写？

其实一进入作品里，很难再有性别意识，因为故事会推着作家往前走。仅就这部《我的生存质量》而言，我觉得说是自传体小说也可以，毕竟有很多是我的生活，以及与我相关的生活。女性作家以女性的视角看问题，应该很有利；但在全局的把握上，我个人的经验，觉得脱离开性别意识会更好。

现在不少同龄作家都在寻求转型或者换句话说，不再重复自己。在以后的创作过程中，你是否会有新的转向？是否会创作其他类别的作品，比如武侠、历史等小说？你对未来的写作有着怎样的期许？

应该说从《我的生存质量》开始，我的写作已经在转型，在往家族历史方面转。我和我先生的家族历史都比较复杂，尤其是放在中国这个大的历史环境里，更有典型意义，所以我一直在思考，怎么把它表达出来。还没完全想好，在抓紧收集相关资料，毕竟剩下的老人不多了，时不我待。

最近刚颁布诺贝尔文学奖，你是否也会去读诺奖作品，比如白俄罗斯作家阿列克谢耶维奇的《二手时间》，或者是帕特里克·莫迪亚诺的作品？现在提倡读经典，你觉得中国有哪些作品可以称为经典？

获诺奖的作品我基本都会读，这是职业习惯。中国的经典作品，当然是《红楼梦》《金瓶梅》，还有一部是《财主底儿女们》，这些都是被时间检验过的经典作品。

除了写小说，你还写诗歌、散文，如今已有两百万字的积累。《2015中国诗歌选》中收录了你的两首诗歌——《请别让我哭泣》和《致小女人》，这与你小说中的主题和表达方式十分不同，你是怎么在诗歌和小说这两种表达方式间做选择的？

诗歌所表达的感情更柔软，更多的时候我只是一个小女人。而且，我更愿意是一个被情绪煽动的小女人。

如今正值中国新诗百年之际，你如何看待当下诗人们的创作，对自己未来的诗歌创作有怎样的期待？这方面的精力会有什么样的分配？

我不会特意写诗，因为精力和能力都不够。在中国文学发展方面，我觉得诗歌走得最快，也最好，跟世界水平最接近，这是小说和散文都比不了的。

你如何看待自己的“作家”身份？尤其是女性作家在文学道路上有什么优势与不容易的地方？

没有觉得自己是个作家，跟上班族也差不了多少；女性作家在文学道路上可能更辛苦，因为她真正的职业是母亲和妻子。

如今你任河南省作家协会主席，你是如何看待脚下的这片土地的？中原自古是文化重地，你又是如何看待这片土地所孕育出的作家们？他们所形成的文化气质和其他省有哪些不同？你从老一辈作家身上继承了什么又突破了什么？

中原文化厚重，有利也有弊。其利的一方面是，对中国传统的把握和传承，可能更符合“天下”的视角，所以河南作家的作品多有家国情怀；其弊的一面是，河南是一个农业大省，又处于内陆地区，农耕文化的影响比较深，思想观念还是相对比较保守。河南老一代作家的敬业精神和包容意识，是我学到的最有用的东西。河南的作家群，老中青都很团结，大家相互帮助相互促进，我觉得这是中原作家群得以快速成长的精神动能。

张爱玲说，出名要趁早，而你的经历恰好说明了出名要尽快。从1999年你真正意义上进行文学创作开始，仅仅用了8年时间就被文坛所熟知，成为“当红青年作家”。但如今时代不同了，碎片化的阅读与粗糙的网络小说，以及高颜值作者的青春文学受到热捧……出名靠的是各种名头，而不同以往是靠真正优秀的文本。对此你如何看待？

我们那一代人，可能对出名没这么看重。相反的是，非常害怕出名，让一个作家抛头露面是非常难的。这可能与我们的成长经历和价值观有关。现在也未必都是“出名靠的是各种名头，而不同以往是真正靠优秀的文本”，也有很多作家皓首穷经地刻苦地写作。可能是信息爆炸造成的信息屏蔽，这些真正的作家平时往往显露不出来。但我相信，最终他们会靠作品说话，站在他们应有的位置上。

通常意义上来讲，传统文学特别注重精神内核，但市场上最受欢迎的书往往更注重游戏精神。如果传统作家暂时找不到合适的作品，是不是就意味着会被归入“死亡”的行列。作为一个对传统文学有自己坚持的作家，你对“传统文学死亡论”如何评价？那些坚持传统写作的作家是否会有新的出路？

这种说法，在“五四”时期就有。一百多年过去了，传统不但没死，还活得更好。在文学上更是这样，真正好的作品，是经得起时间考验的。但是，即使最传统的东西，也要吸收新的营养，不断更新精神内涵，否则就是画地自牢，那它的死亡就是必然的。

在你的作品中刻画了不少年轻人，他们历经坎坷，一直朝着向往的生活走去。比如《第四十圈》中的齐光禄，他发奋读书考上大学，毕业后分配工作，走向仕途。《明惠的圣诞》也是写一个没考上大学的小姑娘外出打工，想要努力实现自己想过的生活。这和当下的80后90后有很多相似之处。你出生于20世纪60年代，正是这个群体的父母辈，平日里你和他们交流多吗？怎样看待他们的处境，对他们有什么想说的话？

在我的作品《我的生存质量》里，对您的这个问题做了很好的回答。我们这一代人，既背负着上辈人的包袱，也背着下辈人的包袱，是最放不开的一代，所以总是忧心忡忡。而我的下一代，也即所谓的80后、90后，他们活得都很自我，只活给自己看，几乎没有任何精神负担。我跟这些孩子们交流还算多，也慢慢理解了他们。未来是属于他们的，国家的希望也在他们身上。他们的独立思考能力、契约精神、自律意识和对自由与光明的追逐，是改变这个国家最有力的力量。

设问人：李金哲 《青年报》记者

阿　来

阿来，1959年生，四川马尔康人，四川省作家协会主席。著有小说集《旧年的血迹》《月光下的银匠》《三只虫草》《蘑菇圈》《河上柏影》等，长篇小说《尘埃落定》《空山》《格萨尔王》等，诗集《棱磨河》、长篇散文《大地的阶梯》，长篇非虚构《瞻对》等。曾获茅盾文学奖、鲁迅文学奖、郁达夫小说奖、朱自清散文奖、《小说月报》百花文学奖等。

重复自己是一种折磨

诗人出身的阿来，到底如何看待中国诗歌现状呢？阿来认为，中国新诗有没有超过唐诗，要进行评估后才知道。如果结果显示，中国新诗的成就的确超过了唐朝，也没有什么可奇怪的，当然有一个地方还没能比得上唐诗，那就是目前还没有出现李白、杜甫那样得到公认的代表性诗人。对于自己的“自然文学三部曲”《三只虫草》《蘑菇圈》《河上柏影》，他说很多人只思考了两个层面，一个是人与人的关系，一个是人与国家这个共同体的关系，却没有想过人和自然的关系。他之所以在转变，是因为艺术从业者重复自己其实是一种折磨。

在2016年上海书展期间，你在“自然文学三部曲”首发活动上说，你在写那些题材比较复杂、纠结的跟历史有关的厚书时，会感到心理的沉重。以至于要换一种小说风格来调适一下。那种心理沉重，肯定跟你一直关心的问题相连。那么让你沉重的吸引你去思考的问题大概有哪些？

这种沉重，大概就是我在写《瞻对》时体会最深的。我写这本书的内心动力，就是想让读者对我们的民族问题有更客观、更理性、更深刻的认知。大家都知道，这并不是一件简单、容易的事情。这就让我在阅读、写作、思考的时候，很难不沉重。好在我所面对的复杂状况，所体会的这种心理沉重，并不是特例。在国外，尤其是美国，有不少作家，都有少数族群的身份背景，他们的写作和思考，都能做到既保持自己族群的特色，同时又保持冷静理性的自我反思，都是很丰富的精神资源，可以借鉴。

你曾说，全世界只有中国的文学忽略大自然，很多写作的人只思考了两个层面，一个是人与人的关系，一个是人和国家这个共同体的关系，没有想过人和自然的关系。你在公开场合多次提到利奥·波德《沙乡年鉴》这样的自然文学经典著作，创作了具有浓浓自然关怀的“自然文学三部曲”。是什么样的契机，让你这两年对“自然”这个主题特别关切？

我非常喜欢《沙乡年鉴》，这是美国作家利奥·波德于1933年写的书。当时美国正经受环境污染的挑战。利奥·波德购买了一块因过度使用而被废弃的农场，年复一年在上面种草、种树，最终让这块土地恢复生机。在这个过程中，就观察每一棵草是怎么长成的，一棵树是怎样恢复生机的，并把这样一个过程记录下来，写出来一本书，就叫《沙乡年鉴》。这本书可以促使我们重新思考一个问题：人在自然界处于一个什么样的位置。利奥·波德在他的书中提出了一个思想——在很多时候，人们强调利益共同体。其实，我们更应该顾及一个更好的概念：土地共同体。这个概念就不光涉及到人，而且包含土地本身以及土地上生长的动物、植物。还有一位美国深具影响力的自然主义者约翰·缪尔，他对自然环境保护的书写感染到当时的美国总统西奥多·罗斯福，使他去野外露营。正是这样的自然文学作家，用他们的书写和实际行动，促使了美国保护自然的法律诞生，也促成了美国两个国家公园（黄石公园和优胜美地）的建成。

作为中国人，我们生活于一个自然环境在不断恶化的状况中。很多人都是，冬天的早上，雾霾起来，嗓子不舒服了，才去抱怨，平时完全没有去试图改变这种状况的意识。很多人不知道，在将责任推给外界的时候，其实自己也有用行动去改变现状的可能性。哪怕从身边的一点小事做起，都是一种觉悟和改变。我见过不少人，一边大谈环保节约资源，一边把喝到一半的矿泉水瓶扔掉。作为写作者，能通过自己的文字，给读者一些启发，也是一种行动。

在“自然文学三部曲”中，可以看到你对故乡的情意和淡淡的乡愁感。这些年你到过世界上很多国家，走遍世界之后，家乡对你来说，是怎样的一个存在？它依然是你写作的灵感或素材的源头活水吗？你的文学地理有没有什么变化？

家乡，就是一个人的出发点。这个点是不能选择的。在这个点上，建立了我们最初的生活经验和生存感受。但是我发现有个问题，我们中国人有很多情感，容易浮夸，矫情。其中有一种就是热爱家乡。如果把现在的中国人写的关于家乡的文字和唱的歌拼接起来，构成一个文学地图的话，你会发现，那将是一个天堂。家乡人永远是淳朴的，家乡永远是最美的。其实，我们对家乡有情感没错，但也应有乐观的呈现和理性的反思。美就是美，不美就是不美。尽量少一些不真实的矫情的情感。你要知道，大部分人，生命中有一个成长命题就是，逃离家乡。在这种状况下，你一边逃离家乡，一边歌颂家乡美，是不是一种矫情，一种自我欺骗？这样写出来的文字，又有多大意义呢？我书写我的家乡，我很清醒地意识到，我这种情感是复杂的，甚至是纠结的。我对家乡“爱之深，恨之切”。不是因为我觉得我的家乡是天堂，而是因为它恰好是我熟悉、是我值得写的世界的一个地方。我写家乡，不是把它当成我的家乡写的，我是把它当成这个世界上一个值得书写的地方来写的。

2016年春天，你获得了中国散文界很重要的朱自清散文奖。作为一个以小说为主的作家，你对散文写作有哪些心得？在文学圈不少人的心目中，比起小说和诗歌，散文是被轻视的文体。

在很长一个阶段，散文的概念，的确被弄得很狭隘。过多的抒情，过多的无病呻吟或者叽叽哇哇，过多的言不及物。其实，在中国文学传统中，散文是一个很大的概念，散文才是最应该被重视的文体。它所表现的内容、对象，是很丰富和博大的。像《古文观止》里有大量的文章，是应用型文章。像贾谊的《过秦论》是说理的政论，欧阳修的《岳阳楼记》是为重修岳阳楼写的记，也有一些家书书信，一些哀悼逝人的悼词。其实，散文的精神，正是美文的精神，今天的汉语表达力，正是通过不断的修辞逐步完善的。说到当下，散文的精神，也应该是渗透在生活的方方面面。一个人给他的爱人写一封信或者即兴做一番演讲，写得或说得讲究，那也是一篇散文。

有人说，非虚构文体的兴起，给散文的表现力注入了强大的生命力。你怎么看？

非虚构文体的提倡，的确对当下的散文，是一种拯救的力量。非虚构让真实、细节、思想重新回到散文中。其实非虚构文体，不光在文学上被重新认知，在历史学上也正在被很好地利用。

随着白俄罗斯女作家阿列克谢耶维奇因非虚构作品获诺奖，非虚构文体在中国文学界也越来越受到重视。在你看来，比起虚构文学，非虚构文学的独特魅力在哪里？

因阿列克谢耶维奇获诺贝尔文学奖，一些人才意识到非虚构口述实录文体的魅力。但是我得说，其实非虚构口述实录这种文体，早在20世纪80年代，就很受关注。比如美国作家斯特兹·特克尔。在20世纪60年代中期，因美国及全球时局激荡，他走上街头，深入人群，记录社会思潮，先后写成《断街——美国都市采风录》《艰辛岁月——美国经济大恐慌的口述历史》《工作》，及《美国梦寻》等一系列“口述实录体”作品。他所首创的这一新体裁及对美国众生相的生动记录为他赢得了普利策文学奖。我记得，他采访的100个美国人中，有美国小姐、雇佣枪手、影星、歌手、政界和媒介人士、老板、流浪者、大学生、罪犯、教徒、三K党党魁、城里的街坊邻客、贫民区的姑娘、山区的乡下佬、移民及其后代等美国各界三教九流的人物。以我看，这个作家的采访深度和技巧，都超过阿列克谢耶维奇。仅仅因为诺奖，才开始真正重视非虚构，那会显得浅薄和势利。

你曾经说，有些时候我们写小说的人可能过于依赖、相信想象了。其实，在如此复杂的社会变迁中，许多现实已经超出了作家的想象，你觉得想象力超越现实的空间在哪里？小说家不依靠想象力，那靠什么来实现艺术的升华？

这就牵涉到一个基本的概念要澄清：什么是想象？想象到底在文学当中，是要建构一个什么东西？在我的心目当中，想象就是回到现场，重建或新建细节、气氛、味道、质感的过程。很多人认为意淫就是想象，脱离实际。至少在我的写作领域里，想象力帮我做的事情就是重建或新建现场。今天早上我打开电视，看正在放《放牛班的春天》，开篇镜头就让我震撼。那种细节还原，我认为才是真正的艺术想象。现在很多电影很假。

你的小说《尘埃落定》获得茅盾文学奖，这部小说问世已经有几十年时间了，经过时间的检验后已经成了值得反复阅读的经典。读者一直对这部富有史诗气质的小说念念不忘。作为作者，当你回头看它的时候，会觉得有想要做一些修改的冲动吗？你怎么看待这部小说的命运？你其他的作品，写得也很好，但并没有《尘埃落定》那样的好运气。

我从来不想修改我任何一部小说。我甚至从来都不回头读自己写完的小说。我采取任其“随风远去”的态度。我是这么看待自己与作品的关系：好比一个多子女家庭里父母与子女的关系。父母对每一个子女付出的爱是相同的。但是子女长大后走向社会的命运并不一样。这是父母难以掌控的。对一部作品，我只能在酝酿和写作的过程中控制它。当我完成它，敲完最后一个字母，用邮箱发送出去，它跟我的关系其实就终结了。就像孩子离开父母闯荡天下，他有他自己的命运，有的人运气好，有的人运气没那么好，就算是双胞胎，命运也不一样。一部作品，写得好不好是一回事，到社会上引发读者和评论家的兴趣多大，得不得奖，那是另外一回事。一部作品在社会上的运气，除了跟作品质量有关，还跟它出现的社会氛围以及当时读者的阅读兴趣焦点有关。当下是一个消费主义盛行的时代，很多读者阅读的主要目的是娱乐。《尘埃落定》赶上了一个国人对艺术创新持有浓厚兴趣的时代的尾巴。现在读者选择的是没有难度的阅读，写作是选择没有难度的写作。现在对艺术有创新的作品，兴趣降低了很多。当然，《瞻对》的畅销和受关注，是出乎我的意料的。我本以为它卖不动。我写它，只是因为我内心有一份责任感。但是后来我想了一下，《瞻对》受欢迎也有它的理由，跟当下一些适应深阅读的人有共鸣，我们关心的点或者身上的焦虑感相契合。

如果有人问，他们期待阿来再写一部类似气质的小说，你会怎么回答？在这之后你又创作了《空山》等大量优秀的作品，与《尘埃落定》相比，你个人更喜欢和看重的作品是哪部？原因是什么？

我永远最喜欢自己正在写的作品。《尘埃落定》的写作是不能重复的。如果能重复，那就是商业写作了。我一直认为，艺术是创新。艺术不是做生意。一个有追求的艺术工作者，最应该做的是，刚形成一个艺术模式，你就要打破它。事实上，我对那些通过重复自己写畅销书挣钱的作者，是挺佩服的。因为对一个艺术从业者来说，重复自己，其实是一种折磨。

随着《瞻对》被更多的人阅读传播，越来越多的读者发现了你的学者气质。从作品中能看出你做了跟学者相通的工作。比如学习档案材料，像人类学家、历史学家那样去做田野考察，收集本地文化人对历史事实的记载，拿这些资料和官方的材料进行对比，等等。这种学者式写作，似乎偏重文化的传播而不是文学的传播。能分享一下你的这种写作理念吗？

在我看来，文学写作是一个自我精神建设和自我修炼的过程。它让我的精神从幼稚到成熟，从肤浅到深刻，从愤怒到悲悯。文学是一种思想操练。首先要把物弄明白。见识、知识很重要。当然，我们的认知对象，有的具体一些，有的抽象一些，复杂一些。事实上，我们的社会确实也越来越复杂，变化越来越快。一个作家要写农村，首先要把农村基本运行的规律弄清楚。对于变化的社会，要学会放在时空的坐标上来看。发现静中有动的东西，并将之呈现出来。尤其是情感领域内微妙的变化，别人说不明白，你能明白。别人说不好，你要说好。这就是有追求的艺术家要干的。事实上，这种行为做得越多，就会变得越敏锐。

说起《瞻对》，我们想起了当年评奖方面的一些不愉快的经历，事情已经过去几年了现在你释怀了吗？你对评奖方面还有什么新的认识和意见吗？

其实我当时就释怀了。我很清醒地知道，得奖不是艺术本体的事情。我当时之所以要发声，提出质疑，并不是因为我不愉快，而是因为我怀疑这个奖有不公正的地方。这个奖是国家奖。任何一种对这个奖项公信力有所损害的行为，都是对国家公信力的损害。我是因为这个才发声的。如果是私人企业家出资设立的奖，随便怎么评，我一句话都不会说。

你怎么看待文学与奖项的关系？

评奖本来是要达到激励作家的，但是有时候，操作不当，会起到事与愿违的效果。在很多人看来，评价文学的成功有两个指标：第一发行量，以及随之而来的版税，第二奖项。但是，现在我们应该反思，是不是有点过于注重外部世界认定的成功了？就我个人来说，给我钱，给我奖，我不拒绝。但我必须得说，文学本身不是为了钱或奖。

你做过《科幻世界》的总编辑，中国已经有两位科幻作家获得了雨果奖。对于这种表现，有很多人对中国科幻小说的未来发展抱以非常大的期待，认为科幻的黄金时代来了。你怎么看待中国的科幻小说？

作为类型小说，科幻小说的写作其实是有难度的。中国的科幻小说10多年前刚兴起，但后来迅速就没落了。因为读者受消费主义浪潮影响，实际上目前最热的是玄幻类，而不是科幻类。作者和读者的科学素养都不高，也没有现实的验证。读者读科幻小说，不是提升自己的科学素养，就是纯粹消闲。任何类型文学，首先必须是小说。科幻小说也是小说。不能因为我是科幻小说就可以比我们认为的主流文学、严肃文学放低一点尺度。而且最好的类型文学最后是一定能突破类型成为主流的。《小王子》是一个简单的小说吗？没有无根据的幻想，幻想一定基于现实，一定有强烈的现实感。

熟悉你的读者都知道，你不喜欢给人开书单这种做法，认为书单应该是一个人自己的阅读链条的自然生成。不过，我们还是会好奇，对阅读有独到见解和品位的你，当下在读什么书？或者，最近有哪些书，让你觉得最有阅读和关注的兴趣？

一个人阅读是在具体的生命状态、情感状态，周遭具体的现实状况下阅读的。阅读首先是一种情感状态，他需要阅读，想去阅读，想从阅读中获得一些东西。情感上要进入，阅读才能进入状态。其次才是认知状态：阅读一本书是想要得到什么知识。托尔斯泰的《复活》是好书，但是如果你建议一个初中生去读，人家很可能就读不进去。现在常常说，年轻人不读书。造成这种状况的原因恰恰就是，他们还没有找到一本自己喜欢的书，形成自己读书的乐趣。总是有别人在耳提面命他，这本书怎么怎么好，那本书你一定要读。这种方式，反而导致年轻人，所有好书都不去读。对于成年人来说，每个人也都面对不一样的问题，处于不同的情感状态，怎么能开统一的书单？我看的书很杂。我读书不受限制，我每天早上起来要读半小时佛经。史书、非虚构、小说，都会看。我现在已经到了可以读坏书的年龄。我要看看，那些写得坏的书，到底是怎么写坏了。

现在很多年轻人，花费很多时间在手机上，对认真阅读一本书的耐心和兴趣都比较少。有的人认为，时代不一样了嘛。但也有的人确实担忧：过度进行碎片化的阅读，跟深阅读带来的对人心性的滋养和训练，是不能同日而语的，长此以往，人性会变得越来越单薄。你对此有怎样的体会？对自己的深阅读你有怎样的心得？能不能给年轻人分享一些，或者给予一些关于阅读生活方面的建议？

手机也可以深阅读啊。关键在于你个人。我经常在手机上看大部头的书，如果我外出没带书的话。

你以写诗步入文坛，当年在诗歌方面的成就就非常高，还参加过第九届青春诗会，是什么经历让你改变了创作重心？写诗的这段经历对你的其他创作有什么影响？你现在还在写诗吗？

我一直认为，文章体裁是什么，并不是很重要的事情。我没有文体焦虑。小说、散文或者诗歌的区分，对研究者是必要的。但是对于作家，还是不要有太大的分别心。对自己写作的文体，进行自我设限，那不是一件好事。选择什么样的文体，还是要看表现的内容或对象，是适合小说，还是更适合诗歌或散文。我现在不怎么写诗，但是并不代表我离诗歌很遥远。在小说、散文中，一样可以有诗意的表达。小说里有一些句子是有节奏、起伏，有含金量的，它本身就是诗歌。最后，有一点，不得不承认，小说的包容量是要大些。小说里面可以包含诗歌的因素，但是诗歌反过来包含不了小说。

目前正值中国新诗百年，你怎么看待当下诗歌又开始火热的现象？对于中国新诗百年的成就，有很大争议，有的说新诗百年实践是失败的，有的说，新诗取得的成就已经超过唐朝。你大概的观点是怎样的？

新诗有没有超过唐诗，那要进行评估后才知道。如果结果显示，中国新诗的成就，的确超过了唐朝，我也不觉得有什么可奇怪的，我认为也是应该的。新诗走过百年历程，从整体上来说，在表达生活方式的广度和宽度上，显然比唐诗开阔多了。当然，有一个地方还没有比得上唐诗，那就是，目前还没有出现像李白、杜甫那样的完全得到公认的，在诗歌上取得巨大成就的代表性诗人。

在四川省作家协会有以你的名字命名的工作室，有一些年轻的作者在你的带领下读书，写剧本。目前效果如何了？你自己认为，这件事的意义主要有哪些？你是四川省作家协会主席，作家协会这个平台与主席这个职位是否还存在局限性？

这个工作室目前9个年轻人，才开始运行半年左右，成果还不好评估。做这件事的意义在于，我们在做一个让文学与影视更好结合的新尝试。当下，影视与资本的联系过于紧密，导致很多影视作品过于商业化，失去了很多应有的艺术品质。我们这里是做前期剧本创作，完全按照文学戏剧规律。完成以后，我们再去选择那些熟悉、尊重艺术规律的投资合作方。这样就有助于降低资本前期过度介入对艺术的伤害。至于局限性，我没有体会到。

设问人：张杰　《华西都市报》记者

阿　乙

阿乙，1976年生，江西瑞昌人，现为江苏省作家协会签约作家。主要作品有短篇小说集《灰故事》《鸟，看见我了》《春天在哪里》《情史失踪者》、中篇小说《下面，我该干些什么》《模范青年》、长篇小说《早上九点叫醒我》。曾获华语文学传媒大奖最具潜力新人奖、蒲松龄短篇小说奖、林斤澜短篇小说奖，以及《人民文学》年度青年作家奖。

思考是幸福的

阿乙在小说世界的使命是拒绝平庸，为一些灰色小人物下个定义，给他们赋予一个身份，哪怕是个小偷、扒匪，最起码给予小人物以人道主义关怀，让他们奔波在生命线上，找到那么一点点意义。他写乡村，写人与土地的关系，不是写社会学意义上的小说，而是写人的小说。他在谈及倾注自己心血的长篇小说《早上九点叫醒我》时表示，他的小说有时只属于少数极为机敏的读者，“他们和我是审美上的共谋。”

你的长篇《早上九点叫醒我》由译林出版社出版，书名看似日常却有意味。我感觉书中你着力塑造的宏阳这个人物，确有其性格的复杂性，而这种复杂性，又联系着中国，尤其是中国乡村的特殊背景。只是，从我的阅读看，你似乎没有在小说里，为这个书名给出很清晰的线索。

博尔赫斯在一本访谈录中提到，他要写一篇短篇小说，题目叫《早上九点叫醒我》。我带着这本书到碧山玩，觉得既然读完了，不如造福于人，就将它留在猪栏酒吧的大堂里。我记得这本书信息量特别大，但在博尔赫斯的作品里，我没发现这部小说，看来他没有去写。我就用了这句话——早上九点叫醒我——做书名。在我写的这部小说里，主人公宏阳喝醉后，向自己的妾叮嘱，让她做一个人体闹钟，到了早上叫醒他。我没有在小说里具体写九点，但大体上吻合。宏阳叮嘱完后就去睡觉。次日晨，等到要叫醒他的时候，他的妾发现他已经死了。他把自己喝“死”了。

实际上，你没直接写宏阳是假死，只是在结尾做了暗示。为此，你还另外写了个谜底，但没出现在小说里。为何？

宏阳下葬以后，实际上活过来一段时间。棺材被启开后，人们看到他的十指皮肉被磨坏，露出森森白骨。他僵硬的尸体形状，保留住了最后挣扎的样子，有如充满动感的雕塑。这个结尾其实很好写，也很好发挥，但我觉得没必要写出来。后来我又觉得不写出来非常可惜，因此就单独写给一位叫徐兆正的朋友见了。

我用古老诗歌的样子去写，写了十几行，就是十几个知情人在那里唱自己的所见。这首揭示谜底的诗暂时不会出现在这篇小说里。也许在以后的出版里会补进去。我想慢慢地写这首诗，这将是我和小徐之间在岁月里保持的一种乐趣。我在小说里，很多地方都选择不写。我不写，也不是说一定有什么很深的用意，有时只是想玩。我充满玩的精神。也可以说是试验、探索的精神。

跟读者捉迷藏？我感觉你是有意在小说里制造误读。收入你最新短篇集《情史失踪者》里的《肥鸭》，从故事的表层看，孙女瑞娟是被张婆一句“一定要把她带走”给咒死的。但细究又不是那么回事，或许这只是一种巧合。

老太婆死前说，一定要把她孙女带走。不久她孙女果然死了。但这只是巧合。实际，瑞娟是殉情自杀，她失恋了，她爱的那个人，那个绰号叫“开锁匠”的流氓，就像候鸟一样，每年都会在一个固定的季节，带一批女人去南方。这里我没有明说，但我是“埋藏”了线索的。读到

“开锁匠”买的那个名贵的包，细心的读者就会明白。我写这个包的用意，就是给读者线索。这样你就明白了，瑞娟，她是利用奶奶的死来煽情，来发泄自己失恋的痛苦。她的死与祖母无关，她也不知道祖母下过这么一个诅咒。她实际是利用一口浅水将自己活活呛死了。她呛死的时候，头朝着“开锁匠”离去的方向。很多人没有看到这一点，以为我在写怪力乱神。这是很遗憾的事。我想我的小说有时只属于少数极为机敏的读者。他们和我是审美上的共谋。

读你的小说，的确能读到很多“埋藏”，而埋藏有时候表现为，你有意省略了一些经验。比如，你在《早上九点叫醒我》里写到漂浮在湖里的红沙发，实际上，是放在宏阳洋房里的那张沙发。它怎么就到了水里呢？要不是多留点心，这样的细节在阅读的过程中，是很容易就滑过去的。

小说里这个地方我略过没写，我只是在里面埋藏了一句。因为建设、发展的需要，这个村庄被淹没，变成一个湖。宏阳家的红沙发因此漂浮在湖里。我不写是因为，我觉得文本不能承载太多的东西。但我会把它埋藏进小说里。在小说里留下这么一个线索，它就随时有可能复活。

我揣度一些读者可能会有的想法。他们会觉得这般省略并不可取，因为这样一来，你整体的叙述会显得不够完整。

我得说，如果有哪个内容我没有写，不一定是我没完成它，也不是我能力没达到不去写。如果是没达到，我一定去写，一定会把它拿下，就像余华说过的“正面强攻”，一定要攻下来，不做回避。我之所以生病，正是因为在写作中打了太多这样的硬仗。写不过去的地方，我会很焦虑。而对自己能写的，善于发挥的，我总是告诫自己不要过度发挥。余华可以说是我写作途中的一面镜子，我如此崇拜他，以至于时常诋毁他。他的《现实一种》，写得那么好，那么棒，最后却不知道克制，任意发挥起来。因此我想：如果故事已经写好了，作者应该做的是，在感觉还可以发挥的地方，尽力做到克制不写。

不妨这么说，在《早上九点叫醒我》中，你倾向于把人推到极致，让人性在极端环境里得到淋漓尽致的展现。但我有时候会想，怎样把这种非常态的故事写出普遍性来，对写作来说是一个挑战。还有我关心的是，这个故事是否有现实依据，或者只是你合乎逻辑的凭空杜撰?

这个故事是我的一个朋友（方慧，也是写作者）讲给我听的。在她母亲的出生地，因为土葬不符合政策要求，一个死者的棺材被起开，人们发现他其实在棺材里还活过一段时间。这个小说写毕于2014年底。今年我看到福楼拜写过一篇短篇，讲到一个医生也是因为假死被埋葬。标题叫《狂怒与无能为力》，我想这个标题很能反映假死者苏醒过来后的状态。

宏阳这个人物令人印象深刻。从他身上，能见出大多数权威人物共有的特点，大开大合，又心细如发。在你的一个访谈中，我读到你说要在这个长篇里写一个英雄，因为你厌倦了写小人物。这么说，怎么理解宏阳这个人物形象?

没什么英雄，宏阳他就是一个小人物。这么说吧，写这个小说，其实我是想把我的乡村经验复述一遍，最后一次把它写完。我想写两个主题：一是，我印象中的乡村没了；再一个，乡村里有性格的人没了。那我就想写乡村的最后一霸，写这么一个庆典般、节日般的人物。他活着的时候一言九鼎，但树倒猢狲散之后，权威一下子崩解了，自己的棺材说开就开了。

我比较关注的是宏阳性格转变的过程。他原先是一个顺民的形象，因为突发的意外事件，他躲避抓捕逃入山中，只因为民警挟持他妻子水枝，他才被逼着出来，他的性格由此来了个180度大转弯，此后就一直以一个强悍的形象示人。但你又分明觉得他越是想掩盖他的怯懦，他才越是强悍。他像是走入了一个怪圈。当然也因为此，更显他的性格的多面与复杂。

我记不清是谁了，说过这么一句话。他说，只要有人让开一个地方，就会有人来夺走它。宏阳就是利用了对方的弱点，他实际上一直在掂量，怎样用暴力来维系他的地位。你看他在很多事情上，都不应允，也不否定，就保持一种深不可测的姿态。当然他也是慢慢悟出来的，他就玩这个，把这套东西玩得炉火纯青。我的小说，主要就描写这个人的性格，故事本身是有些乱讲的。

倒没觉得你乱讲故事，但小说确有突破常规的地方。其中，飞眼与勾捏的故事，虽然跟小说整体有关系，却是游离的，把它舍弃或压缩，或者只是一笔带过，这小说也完全能成立。我感觉这像是你割舍不掉的素材，你特意把它安插进去的。为何？

实际上，我就是把它作为一个楔子，插进这个故事里的。因为在写这个小说的同时，我也一直想写勾捏这个故事。这是同时发生的两个事情，因为是同时发生，我很焦躁。还有，要没有勾捏这个故事，我就感觉这部小说略显单薄，你把它放进去，篇幅上就不长不短。当然了，因为是安插的，它跟整个故事会有些疏离、有些隔阂。那读者不妨把它单独拿出来看，反正我的建议是，你没必要把它当成一个完整的艺术品看。

怎么理解？要知道衡量一部长篇是否成功，完整性和完成度是一个很重要的标准。

我现在写东西，不重在写完整的故事。我要的是写出人物的性格、气质。就是给人物下一个定义，给这个人的全部下一个定义。

下一个定义？一般来说，小说是描述一个人物。因为人物的性格一直在发展，实际上也很难盖棺定论给下一个定义。

我认为，写小说就是下定义，给人（被写的对象）下定义。你看《卡拉马佐夫兄弟》，就是给四个人物下定义。老大德米特里狂放，老二伊凡奸诈，老三虔诚，第四个，老卡拉马佐夫的私生子斯麦尔加科夫阴暗。陀思妥耶夫斯基的伟大之处，就在于他定义了等量齐观的四个人。这里面至少三兄弟是并驾齐驱的、是平行的。陀思妥耶夫斯基给他们的篇幅差不多，小说文本也已经完全不是传统小说的样子了，里头有大段的经文，还有哲学讨论。但读完整部小说，你不会计较这个。我这个小说里插入飞眼与勾捏的故事，让你看起来不那么契合，那只是我水平差。目前我没有能力给数个人物下定义。

你把人物行为背后的心理逻辑给写出来了，想必这也是你这部小说着力最大的地方。说来当下一些小说有一个通病，作家们会写到人物在做些什么，但至于这些人物为什么如此行事，他们往往给不出一个有说服力的说法。

我现在回头看，觉得当时写得还是有点僵硬且笨。我说笨是因为，我那个时候占有的物质细节还比较少。过了些年，我占有的细节，至少多了一倍了，你比如说一些树木，以前不知道它们叫什么，现在知道了。

你说的物质细节，要不是关键性的，有些作家或许会略过不写。毕竟如果不是专业的读者，也不见得会在这些方面过于追究。

我觉得不能跳过去的东西，一定不会跳过去。就因为穷追这些细节，硬扛过去，所以人给闹病了。就是因为追求准确。你看乡下有那么一种器具，婚丧嫁娶都会用到。器具里会放熟肉之类的祭品，被人像抬轿子一样抬过去。就这么个东西，我电话里问了很多人叫什么，都说不知道，一到现场，他们就说出来了。这不就是抬盒嘛。为这个，我查了几天。说起来东西很简单吧，我开始叫的礼箱，盛放礼物的箱子，总觉得哪里不妥，自己生造的就是不行，问了，是抬盒，我知道就妥了。

我倒是觉得你不只是在求证物质细节，你同时在追寻一种失落已久的仪式。实际上，你的小说，尤其是这部长篇有很强的仪式感。比如，给宏阳送葬的过程，要从我的阅读感觉看，实际生活里的葬礼，和你写到的过程，即使在物理时间上，也给人感觉有着相同的长度。你真是把每一个细节都写到了，不只是写到了，而且还把它们放大了看。有意思的是，有一些细节，乍读之下未必觉得它有多大的意义。但把它拎出来，细细琢磨，却会觉得你写得格外郑重其事。

不是我写得郑重其事，而是在乡村，葬礼的过程就是这么漫长。不像在城市里，葬礼都是在殡仪馆里完成，很快就结束。因为这种漫长，我就想写得尽可能仔细，哪怕连一个小人物的表情，都努力去表现一下。另一方面，我要把这个故事写成长篇，我也需要写得仔细。

我不确定你写长篇是出于长篇更受关注，迎合市场的考虑；还是觉得有非写不可，不写长篇自己的写作有很大遗憾；或是觉得相比中短篇，长篇写作更能体现作家的综合能力。

一切听其自然。当时春节回老家，听到这个故事，我就很感兴趣，想写个短篇。但短篇写到三分之二，就给推翻了。要那样写，只会写出

《故事会》那样的故事。况且，我在写的过程中，小说自然而然生长出一些东西。这样，我就想写一个中篇，我把提纲都写好了，但在写的过程中，又感觉长度不够发挥。这时，我就立志把这个故事写成一个长篇。我给自己规定的一个任务，是不要去努力展现故事，只要把人定义出来就可以了。其他就根据小说的需要去尝试。我焦虑，是因为我从来没写过这么长的。

写这样一个漫长的过程，会不会很折磨？

会慢慢去写。我最近参加了父亲的葬礼。如果我是从今天开始写，我会写出更繁密而有意思的细节。因为乡村是如此充满创造力。

正好前阵看了吴天明导演的《百鸟朝凤》，写的就是乡村里最后的唢呐匠的故事，整部影片有一种挽歌式的基调。你的一些小说写到乡村，写到某个行当里最后的人，是不是说你也在表达一种挽歌的美学？

写乡村，会写到人与土地的关系。但我写的不像中国大部分的小说，不是社会学意义上，要反映什么社会问题的小说，而是正宗意义上的小说。写人的小说。

不妨深入谈谈，在你的理解里，何谓正宗意义上的小说？

我再次重申，小说就是对人下一场定义。这个原则是陀思妥耶夫斯基和福克纳制定的，我执行它。史诗实际定义的也是人。《麦克白》也是定义人。人是我们要为之痛哭的对象，是文艺的精髓。如果不能够赞同我的观点，可以去读《卡拉马佐夫兄弟》，四兄弟被定义之外，老卡拉马佐夫以及他娶的妻妾都在被定义。

你之前写的《下面，我该干些什么》，一定程度上可以说是加缪《局外人》的中国版。当然我也有一个疑问，承认“模仿”的同时，该怎样体现原创力？

我忘记是谁说的，诗来自别人的诗，小说来自别人的小说。我跟一些作家不太一样，他们可能喜欢强调原创。但我觉得你不吸收，不传承，哪来什么原创？你就是像莎士比亚那样伟大，他的《错误的戏剧》，也是借鉴了别人的戏剧，是对古希腊孪生兄弟阴差阳错的喜剧故事的重造。而那些个人的、原创的东西其实都包含在你的文字里。

照这么说，在你看来，写作，即使是天才的写作，也必得经过长时间的训练？

一个人即使读到博士，他的知识量也有限，他对事物，对写作的认识，也很浅显。也就是说，你要有所成就，必须要经过训练。你不狂读书，你哪知道什么东西写得好。就一句“你自己去感受”，你真能觉得自己能感受到什么？这不是空口说白话嘛，有本事就拿自己的作品出来给人看看。我听说古代有个皇储，在纸上不停地涂鸦，他爹，那个皇上就叫人销毁了，千万不要传出去。如果说这是艺术品、原创，你信吗？根本就不知所云么。懒惰的人每每自称原创。勤奋的人才说继承。

在我感觉里，你是国内比较少见的，试图提出一些自己的想法，或是核心理念，同时赋予独特的理解的作家。比如在收入小说集《灰故事》的《先知》里，你提出了“杀时间”的概念。

我没经过什么哲学训练，但我喜欢瞎想的过程。不管你最后会不会思考出一个什么结果来，也不管你的想法是否会得到回报，思辨本身就让你感到幸福。我注意到有一些作家，也会有思想的火花，他们提不出一套完整的哲学，但表现得像一个哲学家。比如有人想论证，楼房这么高，那些小虫子是怎么爬上去的，他一想就想玄乎了。他们的这些想法，在真正的哲学家那里是不堪一击的，但你不能说这些想法一文不值。思辨是人本能的幸福。我读到过周国平的一篇文章，我记得题目是

《一个中蛊者》，你不能因为这些想法，没能形成一套哲学理念，就对它们不屑一顾。思考是幸福的，它需要的是指导与训练，而非嘲笑。我围绕这篇文章写了一篇关于疯狂而淳朴的民间哲学家的小说。我让这个疯狂的哲学青年，将人类的一切行为归根结底为三个字：杀时间。

总的说来，你的小说里，有比较深的存在主义思想的印记。

有一段时间读了相关著作，我读不懂这些作家的理论，但读过他们的一些戏剧，受过一些影响。读过加缪、卡夫卡、陀思妥耶夫斯基、萨特，一点点的克尔凯郭尔。还读过《幸福谷》，苏珊·桑塔格的一本存在主义味道很重的小说。

我不确定你是不是受了这些影响，才对生命的无意义感有了更深的感触。读完《五百万汉字》这样的小说，我倒是能读出一种叹惋生命的忧伤之感。

我记得博尔赫斯也表达过类似的想法，是有关创造与毁灭的。我写这个小说，就源于一个迷人的想法，就是有那么一个人，他天赋异禀，但突然就被枪毙了。他有文字上的天赋，他自己不知道珍惜，因为他只是把这种能力，用来掩护他间谍的身份，他把自己当成了工具。

前两年参加纪念《世界文学》创刊六十周年的会，老翻译家讲他自己经历。他在舞台上用多种语言朗诵同一首诗。此时，后面的门悄然开了，没见什么人进来。我就想是不是死神进来了。死神是不是坐向最后一排，在等待这位翻译界的天才？生活中也是这样。像海伦这样美丽的女人死了，想到她就此永不回返，我们不能不觉得忧伤。

你是不是觉得，和你同时代的70后写作者中，出不了像你之前接受采访时所说的伟大作家，是因为这代人没有伟大的经历，都比较平庸？

我是觉得，我们这一代人里，不太可能出现莎士比亚、雨果、托尔斯泰这样的大师级作家。我也不认为，我们现在写的小说不如前辈，其实有些人已经赶上了前辈。说句实在话，一些前辈作家，有现在的超然的荣誉，是因为那时没有网络。过去作品的高下评判，都是由专家、学者，包括报刊记者，这些文学精英说了算，读者接受的是这些精英的评价。

现在的人写小说，在网络上受到更多更广泛的评价，已经没有一部作品能有完肤。人们现在如此推崇《霸王别姬》，如此诋毁《无极》，除开两部作品确有差距以外，还因为前者不在网络时代。我正准备有步骤、有计划地退出互联网的生活。

怎么退出？你生活在网络时代，能彻底退得出来吗？

我就把网络当工具，不去参与这样那样的事，不去从早到晚地议论和关注事情，只是使用网络的方便性。最近一段时间，我用手机查资料，查生词挺多。还有现在卫星极其发达，我都能查到乡村的地图，对村庄与村庄的距离长远，有一个准确的概念，按电子地图来写作。这在过去是不可想象的。

我不能说你在写作中记录了这个时代，但你对追索时代生存本相的努力，让我不由心生敬意。

这个小说写了两三年时间，把身体写到不行，写完了就解放了，现在还处在解放状态。要那时不写长篇，以后也没有能力写了。前些年，北京天气也比较郁闷，我又一直没注意身体。后来，我还查出来恶疾，前段时间做了手术，把一部分肾给拿掉了。生病以后体力差了，我现在很多时间都在睡觉，每天都睡得不行，感觉要睡死掉。

梦总有醒的时候，睡醒的时候做些什么？

睡醒的时候，我就读书，做一些读书笔记。最近读到管仲的故事。管仲本来辅佐公子纠，助他和公子小白争夺君位。被囚后经鲍叔牙举荐，转而辅佐公子小白。他没有为主公去死，却去辅佐敌人。孔子后来给他的行为做了辩解。比如唐代有名的谏官魏征本来辅佐太子李建成，李建成玄武门兵变被杀后，他又投靠了李世民。他就自比管仲。你读一些古籍，会读到一些有意思的东西，我就准备把这个写一下，写一个系列的小笔记。

你的写作可谓严谨，但你却说自己写作是在玩。怎么理解？

我就是玩心很大，玩得比别人多。写作就跟下象棋一样，要玩很多花招。我始终在玩。玩得魂不守舍。

你说的玩，跟你诚实地写作可有矛盾？那在你看来，怎样的写作，才算得上是真正诚实的写作？

永远不去写自己不相信的东西。我特别讨厌虚伪，写一大堆陈词滥调。马尔克斯《霍乱时期的爱情》前面写得好，但结尾写到两个人在那条河里永远漂流下去，就太假了，就把一个荡气回肠的故事，降格为一个近似《读者》格调的俗套的故事了。我最讨厌抒情的作品。一抒情就变得空洞、虚假。

设问人：傅小平 专栏作家，首席评论员，《文学报》资深记者

陈忠实

陈忠实，1942年生，2016年4月病逝，陕西西安人，曾任中国作家协会副主席。主要作品有长篇小说《白鹿原》，短篇小说集《乡村》《到老白杨树背后去》等，中篇小说集《初夏》《四妹子》等，以及《陈忠实小说自选集》《陈忠实文集》等。曾获茅盾文学奖，作品被教育部列入“大学生必读”系列，被改编成秦腔、话剧、舞剧、电影、电视剧等多种艺术形式。

我不是大师

陈忠实的生命定格在2016年4月29日，而他的灵魂附在了以长篇巨著《白鹿原》为代表的文学作品之中永存于世。就是这么一位大师，他反复表示，他不是大师，不是谦虚，是远远不及大师的格，他认为自己是作家，是一个职业符号。陈忠实生前曾对此文逐字逐句进行过校订，从这篇言谈中可以看出真正的大家风范和需要继承的精神遗产。

《白鹿原》刚刚出版时，洛阳纸贵，书店很难购得。据说当时西安街头，汽车司机如果违章，只要送上一本《白鹿原》，交警便马上放行。能给我们谈谈《白鹿原》当年热卖的情况吗？

要说当年《白鹿原》热销的事，在我既有恍若隔世又有如在昨天的感觉。应该感谢西安广播电台和中央广播电台，他们在1992年第6期《当代》上看到《白鹿原》书的前半部分时，便决定播出，于1993年春天一前一后播出，听众反响很大，无疑是最好的宣传。我可以负责任地说，在《白鹿原》出版前，只在《陕西日报》发表不过两百字的消息，告诉读者关于《白鹿原》在《当代》发表和在人民文学出版社出书的时间，再没有任何的宣传手段，更说不上炒作。到1993年8月初，《白鹿原》在西安上市时，新华书店约我为读者签名售书，正值西安酷暑时月。我赶到书店门口时，看到排着望不见尾的购书队列。从早晨8时许签到中午1时，简单吃过午饭接着再签，直到下午5时左右收场。这是我平生签名时间最长，也是签得最多的一次。我不仅不感觉疲劳，反倒感觉在乡下祖屋从构思到完成这部小说的6年时间里所聚集的期望，在这一天完全实现了。此后热销恕不一一叙说，倒是可以列举印刷数字来看看当年的情景，初版初印不过14850册，这是全国征订数字，接着便5万册再10万册连续印刷，到年末大约连印七八次。盗版书是在《白鹿原》书面市不到半月出现的，随之便摆满了大街小巷的个体书店，包括街头书摊，也包括公家开设的国营书店。那时候我常为找上门来的热心读者签名，在我接待签名的书中，各种盗版本约占七成。起初我坚持不为盗版本签名，后又想到读者是无辜的，我便改变态度照签不误。我前后大约收集到20余种《白鹿原》书盗版本，乃至我的所有中、短篇小说的盗版集子。令我更为欣慰的是《白鹿原》的长销，进入21世纪后的10年，几家出版社出的几种版本的《白鹿原》书，每年都在印刷，通常在五六万册。去年是印刷量较多的一年，大约10余万册，起码证明读者尚未厌倦这部小说，这是我最为欣慰的事。

《白鹿原》的成就不言而喻，今天连最边远的农村小镇都能买到《白鹿原》。到现在为止《白鹿原》卖出了多少册？大陆以外的版本有哪些，反响如何？

我一时难以累计各种版本的数字，正版书大约有200万册。大陆以外的版本，最早出版的是香港一家出版社出的竖排繁体字版本，大约在《白鹿原》面市后两三个月就出版了。我在1995年访美国时，在两家华人开的书店里都看到这种港版的《白鹿原》，同时也摆着人民文学出版社出的《白鹿原》。台湾先后有两家出版社出版过《白鹿原》。外文版最早翻译出版的是日本一家据说较大的出版社，日文版《白鹿原》分为上下两册，精装本。随后，韩国翻译出版，竟分为五册，厚厚一摞。越南一家出版社出了越文版，未与我打招呼，是我认识的一位在北京留学的越南学生给我带来一本越南文版《白鹿原》。越南那时尚未加入世界版权公约，如同我们在20世纪五六十年代一样，可以翻译出版世界上任何作家的作品。法国一位华裔学者正在用法文翻译《白鹿原》，前不久电话告知剩下最后三四章，翻译完成还需再修改，乐观估计年末出法文版《白鹿原》，可靠说来就明年了。英文版在美国翻译出版很不顺利，有两三家出版社谈过，曾有一家出版社想出，待看过前两章翻译文字后（一位美国女汉学家翻译），便谢辞了。给我解释的因由，是《白鹿原》文字太长，翻译成英文后文字至少增加一倍，出上下两部会有较贵的售价，担心亏本。我却想到还有另外的因由，不便告诉我，用销售市场的前景估计这个话推辞，大约是为作者我易于接受。

你在《白鹿原》的题记上写了一句巴尔扎克的话："小说被认为是一个民族的秘史。"《白鹿原》出来后，评论家们说这是一部渭河平原50年变迁的雄奇史诗。你怎么理解巴尔扎克说的"秘史"这两个字？在《白鹿原》的创作里你如何实现了史诗的写作？

在我理解，秘史是相对于正史而言。正史是一个民族形成和发展过程的确切而又可资信赖的历史。秘史当为正史在这个民族的男女人群心灵上的投影，以及引发的各个不同的心理裂变，相对稳定的心理结构的破碎、颠覆，以及完成新的心理结构的平衡。这是一个痛苦的剥离过程，也是精神世界完成更新的过程。其中的痛苦和快乐，不是个别人的偶然事象，而是整个群体普遍发生的事。既然是精神和心理世界发生的裂变，就不会像正史考证史实那样判别是或非，而是纷繁和多样，不同阶层乃至同一阶层的人，都会有各个不同的心理征象，更多地呈现着一种心灵的隐秘。小说大约就是揭示那种隐秘的。巴尔扎克把它称为一个民族的秘史。“小说被认为是一个民族的秘史”这句话，我是在《白鹿原》接近完成时，读一篇论述巴尔扎克创作的文章里获知的。许是这句话正好切中我正在写作的《白鹿原》的意旨，许是又暗合我当时的写作心态，所以竟然一遍成记，到写完《白鹿原》要送出书稿时，便把巴尔扎克这句话题在书前。由此可见，我在构思和整个写作过程中，尚无明确的秘史这个概念，只是我对20世纪前50年的白鹿原地区的生活体验和思考，暗合了秘史的意蕴。关于史诗，这是《白鹿原》出版后的一些评说。在我至今依旧不敢领受这样的好话。我可以坦白地说，在《白鹿原》从构思到写作完成的6年时间里，从来没有想过要写史诗的事。我要把史诗一开始横在脑袋里，肯定压得我就难以写作了。我说过“想为自己造一部死时可以垫棺作枕的书”的话，完全是为着大半生不能舍弃的写作兴趣，自然是面对自己的。我那时的心思只集中到一点，把我已经发生的关于这个民族命运的体验表达出来，以一种新获得的艺术体验去实现，不要因匆促非文学因素而留下遗憾。

冒昧问一下，当《白鹿原》还没有写出来的时候，你在陕西文坛是否受重视？当时你的内心是否惶恐？

我在新时期出现的一茬陕西的青年作家中，年龄偏大，浪费不起时间，1982年冬天便决定回乡下祖屋的屋院读书写作。城市比之乡村，既引领着最新的生活潮流，也杂拌着喧哗；即使文艺圈内，也难免厚此薄彼的是是非非，七长八短的议论，听了容易分心。我回到原下祖居的屋院，可以静心读书，更可以回嚼在乡村工作20年的体验，形成作品。却不是清高。

我一直受到前辈陕西作家协会领导和作家的关心，这不仅毋庸置疑，而且给我创作形成心理压力，写不出像样的作品，会使他们失望，压力很直接地转化为探索创作的动力。“惶恐”的心理反应出现过，那是在读过路遥的《人生》这部中篇小说之后发生的。我的直接感受是，这个比我小六七岁的同院朋友，已经把我拉开了很长一段距离。我那时正热心农村实行生产责任制之后农民心理的演变，而路遥却触摸到乡村青年更为普遍的人生追求。我由此而发生了对自己的创作思路的甚为严峻的反省。

有个故事说你在创作《白鹿原》之前，对妻子说不弄个东西出来就回家喂鸡，是这样吗？你在《寻找属于自己的句子里》也写道，李星曾经激你说，再写不出长篇你就跳楼算了。

传言难免走形。关于回不回家养鸡的话，不是说在写《白鹿原》之初，恰恰是在写完之后。当时连我也有点六神无主，难以判断审稿的结果如何，妻子问我：“如果发表不了咋办？”我顺口说：“那就办个养鸡场。”其实这是我早已揪着心的事，养鸡也不是纯粹开玩笑的话，而是此前想到过的事。我已想过，年届50了，写出的小说（长篇）如果发表不了，那就很为自己这个作家难为情了。我想办个养鸡场，不仅增加经济收入改善生活，更重要的是对自己生活角色的调整，把写作重新调整到业余的位置，于脸面于心理会更平和。李星确实说过这句话，那是在一次会议上。那天早上中央人民广播电台公布了“茅盾文学奖”获奖篇目，我尚未听到这个消息。会场里，我和李星坐在路遥的左边和右边。李星从路遥（正在发言）背后告诉我《平凡的世界》获奖的喜讯。隔过几分钟后，他又从路遥背后跟我说：“你今年要是还不把长篇（小说）写完，就从这楼上跳下去。”我一时被噎住，却也感动了我，他比我更着急。

《白鹿原》应该是你创作的第一部长篇小说了，能请你谈谈在《白鹿原》里写作的一些技巧吗？你如何保持了那种大气、顺畅的感觉？

回想起来，在这部小说的构思和创作过程中，我几乎没有想到过“技巧”这个词。我竭尽全力着意在作品人物，前面已涉及到这个问题，即每个人物的心理结构形态，能否准确把握不同的文化心理结构在白鹿原社会的重大事变中所发生的异变，才是外在性格的内在基础，它不仅呈现人物性格的差异性和生动性，更注定某种性格的合理性和可信度，且不敢想典型性。我把绝大的用心花在这方面了。自然还有情节的安排，也是循着人物心理结构变化的动向，给每个人物展示心理动向的一个恰当的机会。恰当在于合乎情理，却也可以偶然露出意料不及的横空一现。我在写作中常常斟酌，不同的心理结构的人物在其重大或者细微的情节里，写到怎样的程度才算恰到好处，什么情境下要不惜笔墨充分展示，什么情境下戛然而止不赘一词一句才不留下画蛇添足的蠢事，全在一种自我感觉中完成，很难用技巧的术语规范做量化的伸或缩。同样出于着重在作品人物的文化心理结构形态的把握，我几乎没有明确给自己规范要写得“大气、顺畅”。在我对小说创作的体验而言，一部或一篇小说呈现的风貌，大气或者秀气，顺畅或者晦涩，制约性因素是作者要写的人物的精神品相所决定的，不是不管不顾人物而要别出心裁追求某种表达形式。自然还有人物生存的社会背景和生活环境，也是决定作品气象的重要因素，这些因素甚至决定作家对语言的选择。我是从鲁迅先生的作品中得到启发的。鲁迅小说的每一部，无论中篇小说还是短篇小说，其气象风貌不仅不雷同，而且独成一景。《狂人日记》的气象和“祥林嫂”的生命气场各自独成风景，这是各个人物不同的文化心理结构所决定的。不同文化心理结构的人物，直接影响到作家的语言选择，即必须找到一种最切合人物性情的语言。同样是鲁迅给我以启发，不可设想用写阿Q的语言再写狂人，更不可能写祥林嫂。鲁迅的散文，同样呈现着不同的语言景象，也是先生不同时期不同心境的语言形态。准确把握要写的人物的文化心理结构形态，寻找一种适宜表达这种形态的方式，包括语言，才可能使作家把独特的体验充分展示。这大约就是创造。

曾经看到一个书上说你的生活习惯是朝茶晚酒。能请你谈谈现在的日程安排和生活习惯吗?

茶还在喝。还是喝陕西绿茶。20多年前火旺，某些器官常发炎症，牙疼，大夫建议喝绿茶调节，并点名陕西绿茶。一试果然有效。一喝便喝到现在。酒在十年前戒掉了，改喝啤酒。现在是早上7点时起床，冬天晚半小时。起床后第一口烟，第二口是茶。缓解过来后便到工作点上，写稿或读书，读的多是要写序或召开研讨会的书。晚上12时睡觉，睡眠很好。参加一些社会公益活动，还有文学活动，力避以文化包装的商业活动，难免被多种因素胁裹，却还算迫不得已的少量。

你老家在西蒋村，那里山清水秀，但离城市太远，常常也让人觉得是被城市隔绝了。你少年时代那里是什么样的景象?

我家紧依偎着白鹿原的北坡坡根。20世纪50年代全村不足40户人家。村庄背后的原坡上，是一台一台的梯田，只种一料麦子。春天无疑是最富诗意的季节，麦苗的绿色呈现着起伏的波浪，荒坡上也是绿草。到6月收割过麦子，直到9月末再种麦子，长时间都是赤裸的土地。因为缺水源，收麦后种不得秧苗。山坡上是我的开心之地，给牛割草的后晌，常常陶醉在逮蚂蚱的快活之中。家门前是灞河和不大宽阔的河川。这是养育生命的宝地，收罢麦子又种苞谷，一年两料基本保收，有灞河水的引灌做保证。灞河在平时清澈见底，游泳洗澡再好不过，可惜我没学会浮水。

农村生活给你写作提供了什么？那时候生活和精神状态是个什么样子？

农村生活首先提供给我的是生存依托，依靠收获土地上的麦谷生存。传统文化、传统道德、传统习惯和风俗，完全在不知不觉，又不留任何痕迹的无意识状态下完成对我的影响和传承。我在少年时期没有任何自觉的反叛行为。我在进入高中读书以后，接触国内外的文学作品，往往会引发对我生活的乡村的人和事的反观。我和乡村人一样生活着，承受着生活的艰难，也有乡情友谊的欢欣。我后来进入社会，环境也是乡村。尤其是在最基层的公社（乡镇）工作了10年，还是在家乡的地盘上。我是一个最底层的干部，走出公社（乡镇）大门，看见的就是男女老少的乡村人的面孔。我那时候是完完全全的专职乡村干部，接触多种性格的乡村干部和群众，对家乡农村的了解和理解逐渐丰富。那个时候正是“文革”期间，我早已断了文学创作的爱好。这样反而因祸得福，我在乡村专心致志做事，做事的过程也就加深了对乡村生活的积累，倒是避免了以作家的角色深入生活、体验生活的局外人之弊端。新时期文艺复兴伊始，我预感到写作可以作为人生追求的事业来干的时候，便调离到相对比较轻松的文化馆工作，致力于写作这个人生兴趣。这时候和这之后，我越来越感觉到20年基层工作尤其是10年公社（乡镇）工作经历的宝贵。我甚至感到，如果没有那10年公社（乡镇）工作的经历，很难设想我后来的文学创作是怎样一种景象，也很难设想会不会有《白鹿原》的创作。

你是一个很谦和、很亲切的人，你保持着说关中话的习惯，比如你经常说“乡党”这个词，乡党是个什么样的意思？你觉得陕西方言有些什么韵味？

乡党就是乡亲，泛指老乡，一个村子的人称为乡党，出了省界整个陕西的人都可以称乡党。陕西方言太过宽泛，陕西因差异甚大的地理环境分为三大块，陕北有游牧乃至匈奴的较为奔放的生活习性，秦岭南边的汉中和安康又类似于南方的风情了，渭河流域的关中是我的家乡。三大板块的人群生活习惯差异明显，说话的口音也相去甚远，方言也自成一体。我说的是关中话。我原以为关中话很土，后来却渐次发现许多方言的无可替代的韵味。文学写作的表述语言中掺进方言，有如混凝土里添加石子，会强化语言的硬度和韧性。我后来渐次明确，从字面上让外地读者猜不出七成意思的方言，坚决舍弃不用，用了反倒成了阅读障碍。近年间，我收到几种关中方言的考证文本，许多看似土得掉渣的方言俚语，竟然被语言学者在古籍文章中一一考证出来。我便感知到关中方言土语，当属中国语言的活化石，还存放在这方地域当代人的口语中。

你的人生丰富多彩，早年高考失败，后来当上了教师，再后来又当上了国家干部。对我们从农村出来的人来讲，这些都很不错了，为什么还要走上了文学创作这条道路？当时你就想到了自己一定会成为很有威望的大作家吗？

我在初中二年级喜欢上了文学，并在作文本上写下平生的第一篇小说《桃园风波》，直到现在对文学创作都没有厌倦，依旧兴趣十足。

1962年高考名落孙山，痛定思痛后决定，自修文学。人获得知识，最理想也最便捷的途径就是接受高等教育，缺失了这个条件的我，只能选择自修，同样可以获得自己想要的知识，只是比正规的高等教育的途径更艰难许多。我那时给自己订下一个目标，自修四年发表文学作品，我发表的处女作就是大学毕业结业证。我的努力没有白费，到1965年春天发表了散文处女作《夜过流沙沟》，提前一年多实现目标。我在“文革”中间放弃了文学创作，迫于无奈。新时期文艺复兴的1978年冬，我发表了短篇小说《南北寨》，1979年大约写了10余篇小说，其中《信任》获得年度全国短篇小说奖。我在1982年冬获得专业作家的称号，并调入陕西省作家协会专业创作组。自此时起，文学创作成为我的专业，也成为我的人生理想人生追求的主业。

我在20世纪60年代初，看到当地报刊上经常出现几位工人和农民业余作家的名字，很羡慕，想着自己如果能够像他们一样发表短诗小散文或者小小说就好了。那时候，我读着《创业史》《风雪之夜》《保卫延安》等几部陕西作家的作品，连想也不敢想我会成为作家。新时期文艺复兴，连续发表了许多短篇小说和中篇小说，且获得了不少好评，我的信心也鼓舞起来了，直到进入《白鹿原》的写作并完成。我是一个偏于保守的人，向来不敢说大话，更不敢吹牛。写作的事，是走过一步，再选择下一步；在下一步尚未踩踏稳当之前，我不敢宣言说一定会踏上下一步的那个台阶。

有位美籍阿富汗作家写的《追风筝的人》，据说全球热销600万册，我们中国作家的作品在国外没有市场，你觉得主要原因是什么？有人说，国内小说比国外落后将近50年，作为中国的文学大师，你觉得当代中国文学在世界文学中处于一个什么样的位置?

我先纠正你的“大师”的误传。我不是大师，不是谦虚，是远远不及大师的格。我只认我是个作家，这是一个职业符号。我难以判断外国人为什么不买不读中国作家作品的原因。我想到过欧美人的阅读兴趣是否和我们有差异；也想到过我们的小说作品所写的内容，尤其是写当代生活变迁的作品，是不是与欧美人的生活习俗相差太远，欧美人恐怕都难以领会其含义。

无论说中国文学落后世界文学多少年，都是很难具体计算的，说落后30年或落后50年，都很难做出确切的论证，更难做出具体数字的量化比较。文学作品比不得某项科学技术，后者完全可以得出具体的量化对比，文学作品就难了。依我从媒体上获知的信息形成的印象，近年间中国作家的文学作品翻译到国外的数量已有起色，然而与我们翻译出版的外国文学作品的数量，几乎构不成一个比例；有幸翻译成外文出版的小说很难畅销欧美国家的图书市场，不能成为这些地方读者争相阅读的读物，也和我们国内不断形成的某个外国作家某部小说畅销且热读的现象形成鲜明的对照。可见，在一个很大的“输入国”，“输出”和“输入”几乎难以构成比例。你说的“位置”，我难以做出具体的排位，“输出”和“输入”的文学作品的不成比例，大体上就可以看出其格局了。

贾平凹老师曾经提到你们当年组织了一个“群木”文学社，我还在一个资料上看到，当年包括你在内的陕西8名知名作家曾经成立了一个影视创作的工作室，能否请你谈谈你跟柳青他们老一辈的、跟你同时代的作家的交往。

这个话题太宽泛了，待有机会时专门说这个话题。仅说你提到的二三事。1980年初，我在家乡灞桥区文化馆做群众文化工作，业余搞创作。文化馆的业务上级是西安市群众艺术馆。市群艺馆专事辅导文学创作的干部，很关注本市几位写作的青年作者，便有意把这几个人组合到一起，互相切磋，交流心得，互相促进，再得提高。他先找到贾平凹再找到我，大家都赞成，而且贾平凹已提出一个“群木”作为文学社的名字，并有解释，一群幼树互相拥挤，竞争竞长，志在天空。我当即表态赞成，善哉！并尤为欣赏“群木”的社名和意蕴，树木成片成林便会竞长，前途在广阔的天空，互不伤害。文学社成立后，我大约参加了两三回聚会。问题发生在我住在灞桥古镇，离城较远，公交车下午六时就停运，安排在晚上的活动就没有机会参加了。那时候没有经费，没有会场也没有餐费，更没有交通工具，我损失了不少交流机会。影视工作室是20世纪90年代中期成立的，由著名编剧张子良和杨争光牵头，我是一个不会编剧的成员，充数而已。柳青生前我见过两三面，第一回是他在游街时。第二回是他刚获得“解放”，被邀请到一个出版会议上向业余作者讲创作，我在听讲者之列，看到一个惨不忍睹的动作，正讲到某个问题的关键处，柳青停止说话，顺手从衣袋里掏出一个球状喷雾器，把尖头塞进嘴里，一捏一放球状物体，便往喉咙里喷进一股一股白色气体，发出哧啦哧啦的声音。听说柳青是在喘不上气时，便用医生配给的这种器具缓解呼吸之难。我几乎不忍心看那惨像。第三次是在省文化厅举办的一次创作会议上，大约是在1974年6月，请柳青来给业余作者辅导创作，仍然离不得那只喷雾器。那时候正学习一条“反潮流”的最新指示，柳青借题发挥：“能不能识别潮流错误，是认识水平问题；能识别错误潮流，反或不反，是个品质问题。”我至今记得这句话。我很想拜访柳青，却缺乏勇气，这是我的弱点。

你当了十余年陕西省作家协会主席，这与你一向低调不想为官的想法是否相悖？体会如何？作家做官有何利弊？我们知道，你在任期干了很多大事，干这些事是否影响了你的创作？

其实也不相悖，人在一种意料不及的环境下，是会从一种别的角度选择取舍的，我即一例。早在陕西作家协会换届前两年就已经内定路遥为作家协会主席人选，我当时还在原下老家写《白鹿原》的书稿。我完全赞成路遥作为未来的主席。我曾在此间两次给领导写信，坚决推卸将我安排到另一个文艺团体做党组书记的意向。我那时倾心于写作，《白鹿原》尚未完稿，行政级别的升迁对我确凿诱惑甚微。不是我清高。我向来未曾表白过自己清高的话。自1982年末成为专业作家，我就意识到已经进入人生的最理想境地，同时也意识到，能否写出较好的小说，全在自己的本事了。正在筹备陕西作家协会换届的时候，路遥却病倒了，竟不治而谢世了。陕西文学界及至社会各界，都深为这位富有才华的中年作家惋惜不已，同时也把作家普遍存在的生活窘困的事象暴露出来。陕西作家协会办公院里的房子，墙倾屋漏，人们开玩笑说这是拍《聊斋》鬼狐影视最好的外景地。希望改善作家生活和办公环境的呼声高涨。

大半年后换届，我被推上主席这个位置，没有拒绝，确实也是被那种希望改善生活和办公环境的热切议论所感染……至于做了什么事，已成过去，恕不一一列举。至于体会，一言以蔽之，我尽我有限的能力做了一些事，也有当做而未做成或未做完满之事。我向来不说是否影响了我的创作的话，尽管这是经常被问到的话，我都不敢说是，连默认也没有。确实的事实是，我的写作兴趣由小说转向散文，竟许久都难以再转回小说创作。

作家当官，肯定有利有弊，而且各人的利与弊又各不相同，难能一概而论。我对此事缺乏用心，难以判断。我做了一些事，很难称大，多为文学范围的事，也有跑门子要钱的事，更免不了一些应酬场面的事。事已过，不足赘述。向来不说影响创作的话，如前面所答。

关于“陕军东征”当时是怎么样的一个情况？外界也有一些说法，说这是省上的自娱自乐活动，当时其实没有特别的影响。正是因为有了你的《白鹿原》，后来“陕军东征”这个话题才被人常常拿来说事。

就我所闻，1993年初在北京召开了一个陕西作家的作品研讨会，一位与会的评论家获悉有几位陕西作家的长篇小说相继在北京几家出版社出版，随口玩笑一句，这简直是“陕军东征”嘛。到会的《光明日报》记者也兼作家的韩小蕙女士，随之写的通讯文章的标题里就用了“陕军东征”这个提法，在《光明日报》发表后引起关注，也引起议论。我是从《陕西日报》转载的韩小蕙的文章得知这条消息的。我读后自然很高兴，为陕西文学创作的新收获庆祝。我对评论家说出“陕军东征”的口头表述完全理解，作为文学传播，我敏感地感到可能会有副作用，就在于那个“军”字，尤其是那个“征”字，可能会使人读来撑眼。无论陕西作家，无论南方北方的作家，大家都是文朋诗友，各自展示自己的作品，不存在谁征谁的事，我当即找到本单位（作家协会）几位有话语能力的人交换意见，并统一看法，我们自己不用“军”和“征”这两个字，用陕西文学繁荣或别的词汇表示。然而几乎无济于事，媒体和个人都在用“陕军东征”，我也只能徒叹奈何。我约略听到一些负面消息，也只能继续徒叹奈何，又不便释疑。

你对当代中国文学，包括陕西文学的现状有何忧虑？对前景有什么期待？

没有忧虑。没有发生过任何忧虑。不是我天性乐观，也不是无所用心，是出于我对文学创作现象的理解，也许褊狭。一部优秀作品的出现，总是让世人意料不及，这部作品的作者也就从无名到著名了。人们通常的想法是他会越来越成熟，体验会越来越深刻，笔法会越来越老辣，这样发展的作家不少见，然而，似乎逆反这种通常现象的作家也不在少数。肖洛霍夫很年轻时写成了史诗《静静的顿河》，后来又写成了《被开垦的处女地》，当年也算得佳作，但似乎与《顿河》难以比肩，现在几乎销声匿迹。之后几乎再没有稍大规模的作品问世。出人意料的是，在他的晚年，一部大短篇或小中篇小说《一个人的遭遇》，却震撼了当年的苏联文坛，也传播到世界很多国家。类似作家的创作现象起码不属个别。我就能理解，一个作家的出现，创作的发展，是很难预料的事，远远比不得今天的天气预报的准确度，甚至连作家自己都难以自主操控……我忧虑有何用？没有必要。同样的道理，一个地区一方地域在一个时期文学创作的发展，也是很难实现主观操控以期如愿的。某个时期，突然涌现几位令人瞩目的作家，难以预料；某个时期，相对比较平淡，没有引起广泛关注的作品出现，也难以预料，更难以采取立竿见影的措施扭转局面。在我理解，一部作品的品相完全决定于作家体验的深或浅，这是很难以外在因素促成的事……我即使有忧虑发生，也没有任何积极意义。我相信会有惊世佳作出现。

年轻作家发表作品很难，就是发表了，也不能养家糊口，一个长篇小说三年五年写下来，正常出版了也就十多万的版税，养活自己很成问题。不知道陈老师当年写作的时候有没有碰到这样的困境？

我在《白鹿原》书写到一半的时候，经济压力突显出来：三个孩子读书相继进入中学和大学，学费也较猛地涨起来；再加之集中写作《白鹿原》，没有写中短篇小说，基本断止了稿酬收入，仅凭当时的一百多元工资收入，就发生了难以支撑的困境。给我以榜样力量的是杰克·伦敦。我此前读过一本写他传记的书《马背上的水手》，其中写到一个细节，杰克·伦敦倾心致志创作小说，作品却难以出版。美国没有政府出资供养的专业作家，似乎也没有谁愿意资助他的小说创作，常常闹到连一块面包都没有的断顿儿困境。他的唯一财产是一辆半旧的自行车，便送入当铺，换几个买面包的钱继续伏案写作。他的一部小说好不容易被一家出版社看中，但该社仅出价十美元买断版权，杰克·伦敦尽管明知被坑，仍然接受了。他要的是作品不再积压这种结果，终于有了面市的机会。他拿着十美元赎回自行车，把剩下的钱全部买成面包，继续写作。一个只能吃干面包的杰克·伦敦，是不敢想营养成分的，更遑论其余物质需要了。他再发生断顿儿时，又把自行车送入当铺，换几个买面包的钱。直到他的作品发生畅销，出版商以十倍百倍的版权费争购他的新作的景观出现，一个杰出的作家杰克·伦敦在美国出现了，自然不会只啃干面包了。当时我尽管发生经济困难，但比杰克·伦敦好到天上了。我不愁饭吃，吃比单一的干面包好得多的面条，一月可以吃两次肉，改善生活。直到《白鹿原》书出版，初版领到一万元版费，一下子成了万元户了。我说的杰克·伦敦的事，以及我的困窘，都是陈年老话了。当今世界，多方竞争日见激烈，环境和人心也是今不如昔了，喜欢写作和挣钱过日子的矛盾却依然困扰着尚未发达起来的作家，相信他们各自都会找到较为适宜自己生存，而又兼及创作爱好的途径，至少不至于弄到杰克·伦敦当自行车买面包的困境。

写小说的人还有更多的想象空间，但是诗人更艰难，诗歌作者有什么更好的出路吗?

我较少接触诗人，但听说过诗人的困境。诗歌在近年间很难形成热诵的现象，当年霍抒雁的《小草在歌唱》被整个社会诵读的动人情景再没有发生过。我听说诗歌集出版甚难，也能想到单凭写诗的稿酬很难过日子。艰难可能在年轻诗人群体里比较突出，因为年龄稍长的诗人大多都有职业，也就有一份稳定收入，起码生活不成为问题。据说不少年轻诗人没有固定工作，收入也难保证，收入就发生时紧时松的情状。我能想到的办法是，先兼一份工作，有保证基本生活的收入，把写诗排在业余。其实小说作家也多是这样，靠写作不能养家糊口的时候，就得先找到能养家糊口的途径。写作——无论小说或诗歌——暂且先放在业余操练。发展到靠写作不仅可以养家，而且收入甚丰的时候，自然就以写作为专业了，且不需谁批准。听说欧美的作家大都如此。仅供参考。在经济社会如何去求得生存和写作的自由，主要是中国的写作者面临的一个新问题，这是随着市场经济的实施和运行日渐突显出来的。西方国家一直运行的是市场经济，作家们从来面对的就是靠写作能否过日子的问题。我在美国乘火车时看到一种景观，火车站有小小的售书台，许多乘客扔几枚硬币便选一本便于口袋装进的很小的书，上车后便坐下读，到站后就顺手扔到车门旁的一只桶里。

据说那里有不少专写这类供乘客解闷的随读随扔的书的作家。然而，并不用担心杰克·伦敦为了不吃干面包而选择这类书的写作。经济利益肯定会驱使一些人进入“媚俗”写作，但不会是全部，也不会是大部。在我理解，作家对社会人生的体验决定着作家写作笔头的指向，不完全是经济利益的驱使所能决定。我相信对历史或现实生活有独特的深刻的体验的作家，肯定不会放弃此而改辙追彼。自然，有许多写作娱乐性读物的作家，也无可厚非，写作这类读物既是这些作家的兴趣和特长，社会也需要这样读来轻松的读物。

现在网络小说点击率高，让作者一夜成名，甚至暴富。对于传统作家来说，“无视”网络显然不是个很好的办法，你认为传统作家会逐渐向网络写作靠近么？

首先需向你致遗憾并致歉意，我至今没有机会接触网络文学。不是我无视网络小说的存在，而在于我不会使用电脑。我至今仍旧用钢笔写字，依赖报纸刊物和电视获取新闻，阅读的依旧是书刊。我听说网络文学五彩缤纷，徒叹奈何。几部很受欢迎的网络小说，我在报纸上看到过宣传文章，遗憾的是没有读到。我向这几部书的作者遥致祝福，能写出万众点击热议不减的小说，我的基本的判断，便是作者有独特的体验，能引发众多的读者点击，证明了读者的阅读兴趣，也证明了读者阅读引发的共鸣。我给一位朋友打电话得知《杜拉拉升职记》和《山楂树之恋》已经有文字图书出版，我会买来阅读，那么多人喜欢的小说，我不读将会觉得遗憾。

网络小说似乎没有审稿机构，自然难免良莠不齐的局面了。我又设想，报纸、刊物和出版社审阅后放弃的那些书稿数量之大，大约不比网络小说中你说的“草”少太多。网络给那么多喜欢写作的人提供了一个不需审稿就可以发表作品的广阔而又自由的平台，相信会有很多作者经过演练而成长起来。今天种“草”的作者，明年或明天也许会孕育出奇葩来。你所说的网络媒体和网络写作的优势，我都能接受，不无羡慕之情。传统作家是否会向网络写作靠拢，我难以判断，这是个人兴趣所做出的选择。只是可以肯定地告诉你，我无法靠拢网络写作的方式，尽管羡慕，却难以接近——我不会打电脑。

信息时代对于文学作品的创作和传播是大有裨益的。但信息时代的弊端也在于信息太多了，人们没有耐心来听你讲一个故事，作家也似乎没有耐心来讲一个故事。在这样的时代，创作者们应该坚守什么？应该放弃什么？如果需要放弃的话。

你说的“人们没有耐心来听你讲一个故事”的话，你可能有读者调查依据，我没有这方面的稍微可靠的资料，所以不敢判断。你又说的“作家似乎也没有耐心来讲一个故事”的话，我却要分辩几句。一个不争的事实是，每年都有2000多部长篇小说出版的繁荣景象，已经持续了多年，去年竟然已经发展到了3000余部，且不说数以万计的中短篇小说的发表。就我的印象而言，中国现时的长篇小说，都在叙述着当代和古老的故事。20世纪80年代曾经有过一些无故事无情节甚至无人物的号称“三无”的小说，领一时风骚，却不是缺乏耐心讲故事，而是寻求一种新的表述方式的探索，近年间几乎不见“三无”作品了。从中国传说中的皇帝到封建帝制的瓦解，许多历史人物和大的历史事件，几乎被当代作家都写了，仅以陕西而言，孙皓晖先生出版了十一大本五百万字的《大秦帝国》。辛亥革命到共和国成立，解放后的新中国到时下，各个大的历史变迁的时段和平民生活，数不清被多少作家写过了，作家们现在依然兴趣不减，继续在写。这些小说大都有动人的故事，许多历史小说的故事惊心动魄。我便觉得当代作家不仅更有耐心讲故事，而且在历史和现实的故事中，努力开掘不同风格的意蕴，常常给人启迪。同样，我说不了应该坚守什么又放弃什么。这是作家个人思想探索、艺术求变的个性化选择。我只是毫不含糊地相信，每个作家都在努力探索，以求艺术创造的新境界，必然会坚持自己信奉的东西，舍弃不再感兴趣的东西，追寻自己需要的东西。

年轻一代的写作受到越来越多的关注，一些20世纪90年代出生的也开始写长篇了，你对这些后起之秀有何建议？

1990年代出生的小孩写小说写诗歌，我觉得很正常。就我所知，绝大多数作家的文学爱好和写作兴趣都是从少年时代就发生的。我对这种现象有自己的一个小小发现，作家和其他专业人群的差别，就是与生俱来有一根对文字尤为敏感的神经，这是父母给的。在有机会接触文字，尤其是文学作品的文字时，这根神经便会兴奋起来，便会发生人生喜好的兴趣性倾向，就会喜欢读文学作品，就会动手写诗或者小说，是很自然的现象。有些具备对文字敏感的神经的人，却没有机会接触文字，几乎是文盲，然而那根敏感的文字神经不仅不闲置，也不萎缩，而是发生着一些纯自然的释放，我对那些生动传神的民间诗人就是这样解读的。如果他们起码能接受高中教育，完全可能成为一位卓有建树的诗人。这样的人在我生活的地区几乎每个村子都有一个，可惜大都是文盲，他们见事就顺口而出有韵律的民歌民谣来，传诵一时。人和人的个性差异，就在于具有一根对什么物事敏感的神经。有一根对色彩的敏感神经的人，很自然地倾向于绘画；有一根对音响的敏感神经的人，也就从少小年纪倾向于音乐；有一根对于数字敏感的神经的人，不仅数学课学得轻松，且有乐趣，而且有可能成为数学家，如此等等。中国当代作家，人皆共知已故的刘绍棠，20世纪50年代上中学时就发表小说作品了，被誉为神童。那个时候，和刘绍棠同代的少年文学爱好者写作者到处都有，不过不及刘绍棠杰出罢了。所以可以说，20世纪90年代出生的少年作家是一个正常的社会现象，有勇气写长篇也很好，即使失败，也是一种磨炼。具有对文字敏感的神经的人中，未来创作的前景和成就很难做出估计，各个喜爱文学创作的人，生活阅历的差异，阅读的差异，接受社会和家庭影响的差异，更有个性的差异，等等因素，都影响着各个少年写作者创作的发展。可以说，那根对文字敏感的神经能发挥到怎样的状态，全在个人后天的努力。我向来很畏怯对青年作者“建议”一类的事。以我的体验，任由多人去摸索，去闯荡，即使某些导致失败的弯路，体验一下也不无好处。我所说的那根对文字敏感的神经，是我对“天才”这个太多神秘色彩的词汇的物质化解读。

对于这部作品，至少能再传一百年，作为作家自己你怎么看？如果请你对我国文化事业的发展做一个前瞻的话，比如说二三十年后，我们的文学、文化将会怎样？

我不敢设想100年后的事。依着近10年来中国经济快速发展的态势，简直不敢设想20年后的中国的城市和农村是怎样一番景象。经济的快速发展，直接影响的是人的物质生活质量，也影响更广泛的人群文化教育的提升，人的审美和情趣必然会发生很难预料的变化。20世纪90年代我曾为自己买了一辆可心的自行车而兴奋不已。现在即使一个乡村青年也不会对任何名牌自行车感兴趣了，买汽车已司空见惯，更要看牌子。再过许多年后，读者还会不会问津《白鹿原》，在我真是不敢奢望的事。

这完全是一个难以想象的问题。我之所以觉得难以想象，是今天文学繁荣的景观，在30年前的我来说，就是根本没有想象到的。况且，如今中国经济的快速发展引起社会每个领域的快速变化，未来的经济和其他社会事业的发展国家都有战略计划，唯有文学创作难以指定可供实施的计划。我们的文学将会是怎样繁荣的景象，难以想象，却可以肯定繁荣，也当有进入世界多个地区并被广泛的读者喜欢、阅读的一批中国小说。文化范畴太宽太大，不敢妄说。

设问人：黎峰 作家，评论家

陈　彦

陈彦，1963年生，陕西镇安人。著有长篇小说《西京故事》《装台》《主角》，散文集《必须抵达》《边走边看》《坚挺的表达》《说秦腔》等，戏剧作品《迟开的玫瑰》《大树西迁》《西京故事》等，32集电视剧剧本《大树小树》等，以及《陈彦剧作选》《陈彦词作选》《陈彦西京三部曲》。曾获施耐庵文学奖、吴承恩长篇小说奖、中华艺文奖、电视剧飞天奖、曹禺戏剧文学奖（三次）、文华编剧奖（三次）、全国“五个一工程”奖（多次）。

小人物也需要我们脱帽致敬

三十多年的舞台生活，让陈彦成了离舞台最近的人。舞台中央上演着别人的人生，而在舞台背后，从不被注意的装台人的人生也在悄然继续。陈彦说，只要我们去体验，去发现，小人物们的担当、支撑和牺牲，是需要我们脱帽致敬的。我们无法写尽芸芸众生的形形色色，只能开掘冰山一角，让社会去关注这些普通人的生命情怀与亮色。

一个作家，往往他的家乡，以及在家乡度过的少年生活，是其文学逐梦的起点。能否谈谈你的故乡对你文学创作的影响？其间有无比较难忘的人物、事件或节点？

商洛是秦楚交界之地，南北在这里形成分水岭，文化却在这里交融合流，有不少人就拿起笔，写起了自己的感受，写出了自己的性情，也就出了一批作家。尤以贾平凹影响为大，无形中，就有了文学的大旗，有了旗子在前边飘扬、引领，后边人也就跑得更快些了，我就是跟着这支队伍朝前奔跑的人。

要说文学梦，大概始于十三四岁，那时家乡老有一群号称作家的人，在省上和国家刊物发表文学作品，文学在那时是何等闪亮的字眼，谁能在省级刊物发一篇作品，都是了得的事，何况还有在国家级刊物发表的。即使发一个几千字的短篇小说、散文，满城都是要“轰动”一时的，在各种文学聚会上，是要坐上台，大谈创作经验，并且要令其他人啧啧称羡的。那时衡量一个人的价值，好像不是挣钱多少，也不是职业如何鲜亮，位置怎么显要，要说鲜亮、显要，文学创作还真是一个不小的亮点、要塞呢，哪怕你没有职业，“待业青年”着，只要在写作，在“文学”着，都是会活得很体面，很有尊贵感的。因而，许多人就是在这个时候踏上文学“不归之路”的，即使终生潦倒，也不见改弦更张，商洛山里有很多这样“死磕”着的文人，外面称之为“商洛作家群”。

我十七岁发表第一个短篇小说《爆破》，是在《陕西工人文艺》上，这个刊物早都不在了，但我的文学梦一经点燃，就再没熄灭过。

提到陕西文学，人们往往视路遥、陈忠实、贾平凹，为陕北、关中、陕南的文学重镇，且你与陈、贾二先生皆有交往，能否谈谈三人作品中的故乡意识对当代写作者有何启示？

路遥、陈忠实、贾平凹先生的确是陕北、关中、陕南的文学重镇，他们的影响力怎么估价都不过分，我与三人都认识，因路遥去世早，没有太多交往，而与陈忠实、贾平凹先生交往都很深。他们始终关心着我的创作，我也始终在他们的创作中汲取着营养。他们代表着陕西三个不同的地域，其创作风貌也迥乎不同。但三人都有一个共同特点，就是都紧盯着自己故乡的土地，用最深沉、最熟悉的感情和生命映像，去负载自己精神理想的高蹈与远游。他们对我的启示是，创作者须得有一块属于自己能深耕的土地，只有双脚踩在这块土地上，生命才是实际的，写作才是扎实的。

众所周知，你长期从事戏剧创作，于影视剧本及音乐歌词等方面也多有建树，散文创作更是一直未辍，近年则似乎将火力转移至了长篇小说，如何看待自己的这种转移？

我在文艺团体工作了三十多年，长期从事戏剧创作，有十余部作品搬上舞台演出，其中《迟开的玫瑰》《大树西迁》《西京故事》三部作品，被业内誉为“陈彦西京三部曲”，三部作品都获得过曹禺戏剧文学奖，也都进入了“国家舞台艺术精品工程十大精品剧目”排行榜。曾染指过影视与歌词创作，根据我的剧本拍摄的电视剧《大树小树》在央视一套播出，并获得“飞天奖”。歌词也是为数十部影视作品作的主题词，有《陈彦词作选》出版。但贯穿人生始终的，还是文学创作。我发表第一个作品时十七岁，自那以后，散文随笔写作一直没有间断，只是因为担任剧团专业编剧的原因，在一个时期，剧本创作成了主业而已。写小说我觉得是一种回归，当然，叫转移也未尝不可，这种转移是创作的需要，因为小说创作自由度更大，发挥的空间更广阔，写来更得心应手，因而，我就连续创作了三部长篇《西京故事》《装台》《主角》。

你在戏剧上完成了“西京三部曲”，而在长篇小说创作上，你的第二部长篇小说《装台》，得到了极高的评价，评论家看出了你长于“为小人物描型造影”，这方面你有哪些诀窍？与你长期从事戏剧创作有关系吗？

我写的第一部长篇是《西京故事》，先有舞台剧，后有小说。那段时间，我一直在关注城市农民工的生存状态，到过几个大的农民工聚集地，做过很多采访，而舞台剧所需材料很少，我觉得很多东西都没涉及，就在舞台上演了，尤其是在全国几十所高校演出，获得不俗效果后，开始了同名长篇小说的写作。这部小说写得很顺，五十万字，几乎是在一年多完成的，推出后，很快就被影视公司改编成电视剧了。要说写小人物，《西京故事》也是由一群小人物组成的。

至于第二部长篇《装台》，那是我更加熟悉的生活了。我在文艺团体干过三十多年，做过专业编剧，也做过院、团长，最熟悉不过的就是舞台生活了。而装台，完全是个新型行业，过去装台是文艺团体自己干，每个团都会有个舞美队，后来舞台装置越来越复杂，嫌写意不刺激了，每每都是真山真水真环境地上，装台这活儿就繁重了起来，且又是日子黑白颠倒地干，这样，就有一批“下苦人”进入了这个行业。我有幸与这批人有较长期的交往，可以说他们一抬手、一动足都十分熟悉，写起来就有一种“涌流”的快感。我没想到，这部小说能获得当年“中国小说学会长篇小说排行榜”的第一名，也没想到，此后又获得了“中国好书”文学艺术类第一名，这些鼓励，让我对小说创作有了更大的自信心。要说诀窍，还真是说不出，我只相信，作家一定要写自己烂熟于心的生活，写这个靠得住些，它是奔涌而出的，而不是生拉硬拽出来的。这一切当然与我长期从事戏剧创作有关系，戏剧创作，是在时间与空间受到极大限制的情况下，戴着镣铐起舞的艺术，也恰恰是这种巨大的限制，要求作家特别注重构成技艺。我以为，长篇小说是更讲究构成技巧的艺术，看似一切都不经意，如果真不经意了，写得马散无笼头地单摆复搁、拉拉杂杂，也就让读者看得毫无兴致了。多年的戏剧创作经验，无疑对我的小说创作，是大有裨益的。从某种程度讲，是舞台剧创作，教会了我的小说创作。

你自认为所“描、造”的“型、影”，能在多大程度或多广范围上，代表当今的小人物？你想在这些人物身上寄托一种什么样的社会理想？

所谓“小人物”，其实就是生活中的普通人，普通人永远是社会的绝大多数，我们无法写尽芸芸众生的形形色色，只能开掘冰山一角，让社会去关注这些普通人的生命情怀与亮色。无论戏剧创作，还是小说创作，我都在致力表达这种理想主义的情愫，有时甚至感到自己快成一个理想主义的贩子了，不是要人为拔高生活，而是觉得我们对普通人，姑且叫“小人物”吧，熟悉了解得还远远不够，只要真诚去体验，去发现，他们的担当、支撑、牺牲，有时是需要我们脱帽致敬的。

《装台》是虚构作品，但主人公刁顺子却是真有原型，他的生活比我的小说更加丰富，他也是先后娶了三个老婆的人，三段婚姻都因命运坎坷，曲折多变。但再怎么变，他都没有放弃自己的责任。我们可能觉得城市里的许多小人物在为生计奔波时，占道经营、不讲卫生、斤斤计较，甚至顺手牵羊，但在这些背后，却常常包藏着一个巨大的父爱、母爱，还有对亲情、友情、乡情的无私无畏担当，当把他们的生命形态完整地摆在我们面前时，就会觉得自己这支笔，怎么去描述他们都是有些功力不逮的。

你平时在生活中是怎么接触小人物的？你对中外文学经典中哪些小人物印象深刻？它们对你的创作产生过什么样的影响？

从某种程度讲，我们都是小人物，普通人，我的所有创作，几乎都是这个层面的人物，原因很简单，就是熟悉。在文艺团体的几十年，几乎不需要刻意去深入生活，你有大量的时间和场合，去接触普通人，无论在城市还是乡村，这种生活景象都是扑面而来的。比如写《西京故事》里的农民工群体，就是很多年经意与不经意间观察的结果。我在陕西省戏曲研究院工作时，门口就是农民工集散地，每天都会有成百上千的农民工，聚集在这里，等待人来找去做活儿，一成几十年不变，这自然就引起了我的关注与思考，一旦有了创作冲动，我就会去悉心寻找更对味的感觉，去寻找让我更感动的故事。在西安，一个城中村，动辄会汇聚起几万农民工，只要你走进去，一团一团有深度与温度的生活，就会紧紧包裹住你，让你欲罢不能。我之所以写了舞台剧《西京故事》，又意犹未尽地创作同名长篇小说，就是这个原因。《装台》更是这样，他们是小得不能再小的人物，每天都在为别人搭建舞台，自己却是从来没有资格上去表演，更别说做生命的主角了。对于他们，我不是“怎么接触”的问题，而是就长期生存在他们中间，是他们赐予了我创作的灵感、激情与才华，没有他们的生命实践，任什么天赋也是创作不出《装台》来的。

其实中外文学创作，小人物、普通人，永远都是最集中的主题，宏大叙事，展现国史、家族史，以及显赫人物纵横捭阖英雄史的作品，毕竟是少数，无数小人物、普通人物的故事，反倒更加震撼人心，荡气回肠，比如莫泊桑的小说《羊脂球》里的妓女，在国难当头时，所表现出的那种从容、淡定，以及牺牲精神，就深刻衬托出了所谓大人物的委琐、卑鄙自私与出卖人民的丑恶嘴脸。欧亨利系列小说中的小人物，每每以小搏大，故事更是大起大落、精彩绝伦，充满了生命的寓言与象征感。还有陀思妥耶夫斯基笔下的那些小人物，无不具有十分巨大的丰富性。而雨果《悲惨世界》里的小人物冉·阿让，就更是要让人为之击节，甚至唏嘘不已了。对于我来讲，由于不甚熟知大人物的生活，因而就觉得无从着笔，倒是许多小人物常常感动我，写作图谱里，便多是他们艰难时世的身影了。

看你描写装台的过程犹如看戏，场面宏大且一波三折，能谈谈你对场面的描写是如何把握的吗？

我写小说喜欢写大场面，觉得描写过瘾，酣畅。尤其是《装台》这样的小说，台上台下，戏里戏外，不涉及到，就无法真正写出装台生活的秘笈。戏剧的很多场面都是宏大的，而装台就是展现这种宏大艺术样式的骨架，这个骨架撑不起来，就让读者无法身临其境地了解真正的装台生活。

《装台》中适时地融入了戏文。你觉得戏文是必须加进去的吗？

是的。因为是写装台，必然涉及粉墨人生，加之有时加入戏文，恰恰是对小说思想，或者情感的一种精神拓展，甚至有对“他山之石”的“攻玉”效果，自然是不用不行了。好在我对这些东西很熟悉，倒是信手就能拈来所需要的东西。有些“戏文”也是我自己编的，我是编剧出身，编几段唱词道白很方便，用这种手法，更能使小说好看、有味道，关键是有些地方，不这样“楔入”，就不像是在描写装台生活。小说对生活的描写，更应该有一种匠人对他手艺活的浑然天成性。

《装台》中对于爱和恨的描写入木三分。你能再做一些解释吗？

一个人的最高生命境界，我以为就是懂得爱。这个爱，不仅是爱情，更多的，是关乎人性的那些东西。爱到最高境界，其实就是一种责任。我写顺子的爱，更多就表现在责任上。顺子不离不弃地领着残疾狗，其实也是一种责任。狗尚且通着人性，对爱它的刁顺子，表现出了巨大的依恋，人有时反倒不如狗，这里面就有了意思。

蔡素芬之所以不能接收三皮的爱，既是人性的高贵，也是做人的底线。他们的生命可能很卑微，但他们都很守底线地活着，这很了不起。因为他们破了底线，也不会受到更强烈而又巨大的社会谴责，他们守底线，我以为这就是生命的亮色。

你的小说处处充满辩证和疑问，之中是否也凝注了你对于传统文化的诸多思考？

只有把人物与故事，置身在一种比照中，也可以说是悖论中，才能更好更深刻地看到人性的复杂与不可捉摸。我们的传统小说，无论是《金瓶梅》《红楼梦》，还是《西游记》《儒林外史》《老残游记》，都充满了这样的辩证。它是中国的传统文化，也是人类共同性格的奇正相携。

语言的鲜活和方言的运用，使你的小说保持了原生态。你对语言有怎样的特殊追求?

我希望小说语言，是一种最简洁的能够说清事情的语言，不要绕，要生动、明快。我多年的舞台剧创作，其实也是训练语言的过程。那里，由于时间与空间的限制，需要你用最简单的方法，把最复杂的事物表达出来，任何拖泥带水，都可能导致观众“抽签”。

当然，话有三说，巧说为妙，你要说得巧，说得妙，才会让人物与故事，尤其是要表达的思想、情感，更有意味。关于方言的运用，也需要选择，首先要考虑它传播的可能性，有些太地方的语言，是一定不能用在小说里的，这是很好判断的选择。小说是语言的艺术，这句话在我看来，永远是真理。

你准备创作长篇小说《主角》，能提前吐露一下主要内容是什么吗?

是的，我正在创作一部叫《主角》的长篇，写了有一年多了，这是《装台》出来后，著名评论家李敬泽先生的提议，他说你对舞台生活这么熟悉，写一个角儿一定很有意思，我说，的确有这想法，并且也有这方面的生活积累，也许是《装台》给了一点自信心，我就立即投入了《主角》的创作。没想到会写得这么快意、顺心，几乎是没有什么磕绊就下来了。我基本是靠业余时间写作，好在一次工作变动，让我有了寒暑假，一下多出两大块时间来，加起来近百天，再加上正常节假日，一年几乎有近一半的时间可以写作了，因此，《主角》的诞生，就比其它作品都顺利了许多。

《主角》，顾名思义，就是写舞台上的主角，这是围绕着一个叫忆秦娥的秦腔主演，从十一岁到五十一岁的生命历程和舞台生涯，来构筑的一部小说。时间跨度四十多年，由1976年写到2016年，企图通过舞台生活的一角，窥探一个时代的生命涌流与脉动，场景也在尽量拉开：乡村、都市，国内、国际，情场、市场，演艺、经济，人间、地狱……我是尽量想用更加丰富的形式，来表现这个万花筒般丰富多彩的时代。

你的描写对象由舞台背后的辅助人员，转至舞台中央的主角，恐怕不仅是描写对象及关注角度的变化，在文学处理上与以前有何不同和突破？

搞创作这么多年，也学习过不少小说作法之类的专著和文章，真正在写作时，这些东西又似乎是用不上的，激活的生活储存，几乎是开闸放水，奔流而下，三十多年的沉浸其中与耳濡目染，让这种生活在转变为艺术时，又几乎不知艺术为何物了，就那样自自然然地走着，流着。要说文学上的处理与突破，还真不知哪一点是文学，哪一点是生活，哪一点是固守，哪一点是突破。我只突然觉得“生活是艺术的源泉”这句话，的确是颠扑不破的真理。当然，一切都是个体感受，有很多几乎是“不足为外人道也”的，之于我，最根本的永远是生活，是浓得化不开的生活，让我有了一次次进入创作的冲动，并能冲动到底。

写主角，极易流为“为人作传”，你如何避免这种倾向？你提前做了哪些准备？

写《主角》不免是要为一个主角作传了，但在这部《主角》里，传主又颇多，不仅是一个忆秦娥，围绕着她成长的，都是配角，也都是以自己生命为轴心的主角。小说涉及二三百号人物，他们都在自己的轮盘上争当着主角，即使是厨房的大厨、二厨，也不免有主次之分的，纵是阴间的牛头、马面，谁走前，谁走后，谁为主，谁为辅，也都是大有讲究的。因而，主角是一种象征，生活中谁都是主角，谁又都是配角，传记痕迹，在这里也就显得不甚突出了。在小说写作过程中，两次见到王蒙先生，王老师对拙作《装台》，抬爱甚重，评价颇好，在汇报到《主角》时，先生几次告诫我，要“抡圆了写”，我一直在琢磨他“抡圆了”的意思。写作过程中，我就始终在找“抡圆了”的感觉，由于对生活太熟悉，因此也就“抡”得有些顺心，快意，当然，与准备“抡圆了”的心态大概也不无关系。还真没有其他啥子准备，要说准备，那就是三十几年“在场”的熏、蒸、煎、炸、烹、熘、煮，从这个意义上讲，任何生活材质都是有用的，并且准备得越多越驳杂越丰盛越好。

你长期从事戏剧及文学创作，近年又担任行政管理工作，在陕西文学界，如果一定要给自己定个位或做个期许的话，更愿意身处什么方阵?

机关工作任务很繁重，我的写作主要靠业余时间，一是晚上，二是周末，三是节假日。过去分管过文艺工作，现在离这个行业很远，也基本不参加业内的任何活动了，我给自己的定位就是业余创作。不在任何方阵里，也不企图进入任何方阵，更希望自己是一个尊重着各种行进队列的业余孤守者。

你认为陕西青年作家的现状如何?他们在全国处于什么地位?他们与老一辈作家和你们中坚作家的差距在什么地方?

陕西是文学大省，前辈很强，我们可以如数家珍地说出一长串有影响力的文学大家来，并且在中国文学史上都已有重要位置，面对未来，大家又总是很担心，怕接续不上。陕西在这方面也做了很多工作，根据我过去工作上的了解，我以为陕西文学的后续力量依然是强有力的，并且处在发散状态，风格面貌也异样多变，以现在的阵容，在全国仍然是一支像样的队伍。如果说有差距，我觉得青年作家没有老一代作家注重生活的浸泡，没有老一代作家关注现实，关注脚下的土地，他们对形式探索得更多一些，而对文学本质的探究，尚不够倾心专注。青年作家需要进行两个要害建设，一个是下苦功夫读书，一个是下苦功夫读生活。作家的阅读量不够，那是一件很要命的事，一个简单的道理就是：以己之昏昏，焉能使人昭昭。还有一个说烂了的话是：要给人一瓢水，你就须得有一桶水。再就是作家身心在场的读生活，尤其要强调心灵的在场，如果只靠别人组织，即就是拉起一面旗子，一行数十人地浩浩荡荡“下去”，不去深入咀嚼，长此以往，也是会让“生活”变得怪诞起来的。

面对文学边缘化和新媒体的冲击，能否和作家分享一下你多年来坚守文学理想和跋涉文学之路的心得？

人要做任何一件事情都需要专注，如果太过关心身外的各种变化反应，那就基本是六神无主的状态，什么也做不好。2015年马航MH370客机失事，全球在一夜之间产生的新闻，大概几千几万架同样型号的飞机都载不动，两年过去了，却依然没有一点有价值的真相被披露出来，这个事件告诉我们，跟着时尚与传媒炒起的热点去瞎起哄，瞎忽悠，是没有多少实际意义的。当我们建立起一种爱好和做事信念的时候，就应该忘却和舍弃那些消解与蚕食自己的负能量，让我们单纯一些，再单纯一些，直到把自己想做的事情做成。也许，当你真的付出了辛勤的劳动，甚至被边缘、被搁置、被撂荒时，聚焦的意义就又重现了。即使不被关注、不被聚焦，难道羊还不吃草，牛还不耕田了？我们应该有牛羊面对土地、草场的淡定与我行我素。

你平时关注网络文学吗？

关注。当然更多是工作需要。长期看电脑，我眼睛视力已急剧下降了。

在这种状况下，你觉得纯文学作家有危机感吗？

肯定会有，不是纯文学作家，所有行业都会有危机感，金融家、实业家，王石不是也危机了吗？甚至包括政治家，哪个能在今天的社会里胜似闲庭信步？关键看你持守什么。简单一点，懒得左顾右盼，可能是化解危机的最好办法。文学毕竟不同于科技现代化，它是精神领域的东西，这个领域里最宝贵的往往是传统，越深厚的传统，往往越有价值，换一句话说，越是冷静深沉的思考，可能越是有生存空间的。因此，纯文学作家危机感产生的必要性，在我看来也就不大了，关键是要看能否深切时代脉搏，至于托出的形式、样态，倒是其次了。

设问人：王锋 诗人，《华商报》文化记者
舒晋瑜 作家，《中华读书报》总编辑助理

陈应松

陈应松，1956年生，湖北公安人。著有长篇小说《还魂记》《猎人峰》《到天边收割》《魂不守舍》《失语的村庄》，小说集、散文集、诗歌集等七十余部，另有《陈应松文集》六卷、《陈应松神农架系列小说选》四卷。曾获鲁迅文学奖、中国小说学会大奖、上海中长篇小说大奖，以及《小说月报》《中篇小说选刊》《小说选刊》《人民文学》《十月》《北京文学》等期刊设立的奖项。

躲在时代的角落为弱者辩护

在陈应松的作品里，他永远为弱者辩护，尤其是那些身处乡村的贫苦人。“我做的那点事有时候总是躲在时代的某个角落里，所以我的作品谈不上时代高度，不爱出镜，没有宣言，不激动人心。”这当然是他的谦虚之辞。因对人性的深入观察，他的小说中有大恶，更有大美，并诗意地将其统一。他说，刺痛不是目的，让读者内心充满美好才是小说要达到的。

你的作品读起来让人感觉很沉重。在这些作品中我们可以感觉到你内心的焦虑。

我好像没有焦虑。至少我写作时内心是很平静的。如果焦虑你肯定不能全神贯注地、精雕细镂地写小说。写小说是必须屏息静气的。有点忧虑，似乎可以这么说。我的作品的沉重不是故意的，同样是因为生活本身的实感，我经历的一切，现实中那些惨不忍睹的事情，比我的作品中的故事更为沉重。许多人的生存几乎没有喘息的余地。同贫穷与苦难抗争，依然是中国农民一个漫长的、令人沮丧的过程。我有时候真的不愿到乡下去，这种情绪左右着我。寻求出路对我的写作不是主要的，我的小说不想成为这种无意义的探索，我只想表达我的情绪，因而我的小说弥漫的是一种情绪。如果你认为是焦虑，也许会给人造成这种印象吧。

你的文字很有力度，刀刀见血，读的时候有很强的刺痛感。但你的作品中也不乏一些很有诗意的东西。这两者之间你是如何统一的？

一阴一阳，一柔一硬，小说有时候是平衡的艺术。刀刀见血是解剖，但好作品也要装饰。就像一个手术室不总是血淋淋的，还会放几钵花。刺痛不是目的，让读者内心充满美好才是小说要达到的目的。比方说一个小说仅仅是让人恶心，那就不是好小说，要有大恶达到大美的效果，才是好作家。同是写性，有的人写得很恶心，有的人写得很美。我以为，一个情趣低下的人才会写得让人难受，肮脏不洁，而内心有高趣旨的作家，一定会把什么都写得让人喜欢，洁净得像在天堂漂流，这种阅读的感觉是最高境界。性情与才情是统一的。我写得很残酷，但我会保证写得很诗意。我知道怎样的写法会成全读者到达那个我们想进入的境界。写作会升华一个人的心灵，却对另一些人永远不能升华。

在你的作品中，救赎的力量来自美好的人性和纯洁的爱，你歌颂了人性之光，可是这种力量在现实中实在很微弱。比如《松鸦为什么鸣叫》里的伯纬，他的博爱并没有感动很多人，甚至连他身边的人也不理解他。你怎样看待这个问题？

像伯纬这样的人，就是不被理解他也会这样做，在山里，这种人很多，在我们身边，也有这种人。这种人就是活得很冤的一类人，没有任何回报的一类人。我的小说里写了面对死亡时的各类人的活法，我不知道人们读出来没有。伯纬算是一种，是那种“念天地之悠悠，独怆然而涕下”的内心凄苦、形影相吊的英雄，当然是草根英雄，至少在我心中是如此。

你被认为是中国新时期底层文学的代表作家。我很赞同陈晓明教授说过的话，文学是弱者的伟业，弱者是文学里最重要的一环。你的小说多关怀底层弱者、卑微众生，你平时对人性的观察是否有极大的兴趣？

社会的构成让作家成为了对弱者同情的一类人，有了同情的对象和渠道，也有了情感和书写寄托的地方。职业作家的身份不得不让你时刻在生活中观察人性，对人性有特别的敏感和归纳。我好像不刻意去观察人，但也可以理解人性，理解人的弱点。文学就是表现人性的方方面面，人的善与恶。卡夫卡说，文学的本质就是同情。所以在我的作品里，永远为弱者辩护。我做的那点事有时候总是躲在时代的某个角落里，所以我的作品谈不上时代高度，不爱出镜，没有宣言，也不激动人心。我写的是很偏僻的题材，很偏远的故事，很偏颇的情感，我不知道我是否真的不识时务。反正，我在写作上常常碰壁，不讨人喜欢。我都不知道我是怎么瞎猫碰死老鼠抓了那么多奖，可见有同情我的人，也有认同我文学坚持的人。就这么傻乎乎地写下去吧。

你有时间阅读同时代作家写的小说吗？你对中国当前小说创作整体现状持何看法？

我阅读的小说大多是外国作家的作品，对当前中国的小说创作几乎一无所知。但我不喜欢读国内小说是真的，这也是大多数作家的阅读现状。我不是评论家，我没有义务阅读那些让人提不起兴趣的作品。我只是一个作家，我写我的就是了，一天写作的时间都不够，哪有时间阅读别人的小说。外国的小说也就喜欢那么三两个，其他的虽然买了不少，也就放在书柜里睡觉。

你持续写作的动力是什么？

我的动力是因为我想过好一点的生活，希望有更好的创造力，得到朋友们的喜爱——这句话是马尔克斯说的，他说他的写作目的是得到朋友们的喜欢，我完全赞同他的观点。

你有没有想过你的哪些作品能流传下去？

我的作品有一些是能够流传下去的。在别处我不敢保证，在神农架和我的出生地湖北公安县，甚至在江西余干县，我的作品是会永远有人读的。我的《豹子最后的舞蹈》《马嘶岭血案》《太平狗》《野猫湖》《猎人峰》，以及现在的《还魂记》，是有可能被记下的。但一个人只对生前负责，只管生前高兴，死后的事，流不流传就没有意义了。人已经没了，成为一把灰了，流传你也不会活过来，不流传你也不会再痛苦，这些都与你无关了，你永远不存在了。还是趁当下过好每一天吧。

互联网技术和新媒体改变了文艺形态，催生了一大批新的文艺类型，也带来文艺观念和文艺实践的深刻变化。网络文学、微小说、指尖文学蔚然成风，有的人认为这种时兴的互联网文学对传统文学创作是一种补充，也有人认为是一种抑制。你怎么看？

互联网文学过去是一种新的文学传播手段，现在变成了一种新的文学形式。过去大家觉得把小说贴到网上去就是网络作家了，其实现在网络作家已开辟了一种非常独特的文学门类。湖北省文学院每一届签约作家都会签一些网络作家，这些网络作家中有一些收入非常高。他们跟我们说：“我们非常佩服你们这些传统的文学作家，但是我们现在的写法跟你们是完全不一样的。你们那是一种饿死人的写法，饭都挣不到吃的。”网络作家独特的文学思想，跟传统的文学思想完全不同，思维方式也迥然不同。比方说穿越、玄幻、奇幻等等，整个写作方式也不同。我有一个80后网络作家朋友，是靠点击率来吃饭的，24小时不停地写作才能保持更新，他说他三天才能睡一次觉。网络作家既然有这么大的点击量，这么庞大的读者群体，我们必须要正视他们的存在，并且尊重他们的劳动。传统作家要向这些新一代的作家学习，至少要学习他们的敬业精神。

但网络文学也有缺点，就是不太注重时代性、现实性，不太注重与人民的情感的联系。诸如穿越、玄幻、灵异题材的小说，与整个时代基本是脱节的，这个问题非常严重。这些作品能否体现应有的文学价值，墨香永存，还需要时间的考验。我们期待一些文学新风吹拂。并不只是为了挣钱，争取点击率，而一味地去迎合读者，迎合低俗趣味。

据我所知，你的最新长篇小说《还魂记》就因为题材费了些周折。包括先前你的几部作品，大概也遇到这样那样的问题。你认为最容易被编辑或读者误解的原因和问题是什么？

还好，主要是我的要求比较高吧，说白了就是首印数，我要的是读者，我希望更多的人能读到这本书，而不在乎出版社。有几家出版社要我的这部书，作家出版社合同最早寄我，没有提出任何内容的问题，只是印数未能如愿。后来有的出版社说，这部作品他们“志在必得”，但提出要改，望我理解云云。我回答说：“你们可能不知道我陈某人的性格，我是不会删改一个字的，除非是错别字，这书出不出不要紧，没事的。”后来，还是江苏凤凰文艺出版社，一字未动，书名也还是我的。但后来我也发现有个别错字，只能以后再版改了。我有些中篇发表和出版的过程的确遇到过麻烦，要修改再三。不过写作的时候我真的不会考虑这些事，写作想不来那么多。编辑有他们的规矩，所以我非常理解他们。再者这些年我都是这么过来的，我的小说改编成电影也会遇到一些阻力，我也习惯了，有时候也会愤怒。读者不会误解我，倒是对我的小说充满信心。如果我不这样写，他们会不认可，那将不是他们眼里的陈应松。陈应松就是这样一个写法。

在《还魂记》里，村民皆因喝了村长家结婚筵席的假酒而成了瞎子，黑鹳庙村成了名副其实的瞎子村。设置如此荒诞诡异的情节和故事背景，你是怎么考虑的？

因为瞎子村的男人都瞎了，看不到这个回来的半人半鬼的鬼魂，会有戏剧性。瞎子村肯定会灌入一些东西，它叫黑鹳庙村，有许多在屋顶做巢的黑鹳，在村庄上空飞来飞去，而且黑鹳与一个楚王的传说有关。这应该是个好主意，但也增加了难度和风险。我喜欢布置一个诡异和荒诞荒凉的小说环境，小说就是把想说的话不说出来，但其实你已经通过小说场景、故事本身告诉了读者。相信读者的领悟力，相信他们可以与我们对话，相信读到我的幽默他们会笑，相信他们喜欢我说一半留一半的智慧。

小说写亡魂归故里——其实关于亡灵叙事，让鬼魂来担当小说叙述主人公的写法在小说史上并不鲜见，如《百年孤独》《浮士德》《神曲》等巨著，以及我国的魏晋志怪小说与唐宋传奇。你认为自己的讲述有何独特之处？

写小说无非就那么几种叙述，亡灵叙事并不常用。就算假定第一人称是亡灵，也有怎么讲述的问题。我以这个亡灵——这个讲故事的鬼魂来讲还魂后的故事，他是安静的鬼魂，像是没有出现在这个世界上，是一个游魂，孤魂。我找到这种语感基本就找到了这部小说。模仿所有大地上死去的人说话，是我写这个小说的出发点。以一种什么口吻来说，真是一件难事。仿佛这个亡灵参透了所有生死，是潜藏在大地深处的说话者。我希望有这样一种味道。这个小说因为是鬼魂手记，它更像私人日记，有隐秘心灵的部分，避开了大众话题，更好地发挥了我自由书写的空间。

小说创作中最大的难度和挑战是什么？

唉，只能写村庄的人何必去想世界，村庄写好就不错了。但一个舞台总是代表什么，写作者都有野心。有的是把野心藏在背后，有的是全敞开了。我不太喜欢野心这个词，我写了这个小说后，只是觉得生和死是多么让人缠绵伤感。屈原的那些诗，真的只是在哀叹生死，不关乎国家。由个人而上升到国家民族固然是不错的，但没有个人对生死的苍茫感悟，国家也是虚幻的。比如，我去乡下，吹着田野上的风，踏着土疙瘩路，绕过棘丛，坐在田埂上看荷叶池塘，看田野麦浪的时候，什么网络，什么激愤，什么诽谤造谣，什么中东难民，什么恐袭爆炸，都是很远的，比死亡还远。活在田野和大地上，是多么美妙的事情，何必有那么些不必要的情绪消费和你死我活。我的确想写那些大的东西，写作者都是知识分子，社会因素必定会掺和其间。我的确为想象中的乡村夜哭了一回，守灵了一回。不过，村庄总是美的，这一个不美另一个一定美，不然，村庄不会那么吸引人，回归自然的一些乡村小资不是经常在网上晒他们的乡村隐居生活吗？晒得像神仙一样，像童话一样。人们心中的乡村和实际上的乡村是不同的，但可以改造。这个小说的难度与挑战是怎样把亡灵写得有趣，把亡灵对村庄对人间的爱写得深切，可以触摸，可以闻到泥土和坟地的气息，有一种诡异感，恍惚感，让人觉得很遥远，是在一个你永远也到达不了的村庄。在这方面，我认为我还是很努力的，我比较擅长抒情，满脑子都是好语言，我的语言帮助我到达了那个村庄。

后记中你谈到自己的创作，希望打通各种文体，那么你觉得自己完成得如何？

还可以吧。但我不是很满意，还是有点胆怯，没有走很远，怕读者接受不了。我里面有诗、散文，都在自然的小说节奏中，读者不会有突兀感，一定没有。可见，小说是相当自由的文体，我这里是小试牛刀，我还会走很远，让小说完全自由出入于诗歌、散文之中。另外，这个小说是所谓“野鬼手记”，既然是手记，就没有什么规则，想到什么记什么。所以，文体实验也要与你的故事写法有关。

“在小说中，象征不是象征，现实不是现实，人物不是人物，故事不是故事。它所表达的是另外的东西。”可否具体谈谈，你所理解的“小说的核”是什么？

我讲的小说是另外的东西，在象征、现实、人物、故事之外，这是毫无疑问的。当我明白这个道理，我已经写了30年。这个道理许多人不明白，说故事就是故事，人物就是人物，象征就是象征，按他们这么说也会把小说写得很好。但我现在不这样认为，譬如象征，本来是个奢侈品，现在成了大路货。一些很现实主义的作家都在玩象征和寓言，真是无趣。

小说的核是什么，我不清楚，小说肯定与揭示生死要义有关。曹雪芹的小说写的是生死聚散，写人生一场梦而已，故事肯定不是故事本身，后来因为分析的需要，什么揭示出封建社会衰败崩溃之类，都是强加上去的，不能把社会学者历史学者的观点用在小说上。《红楼梦》说是女娲补天，炼三万六千五百零一块石头，只用了三万六千五百块，剩余的这一块未用，弃之荒野，这石头日夜悲号，自觉无用。一僧一道见之可爱，刻了些字，携带下凡。不知过了几世几劫，有个空空道人路过，见石上刻了一段故事，抄写下来。辗转到了曹雪芹手中，经他批阅十载、增删五次而成这本《红楼梦》。“说到辛酸处，荒唐愈可悲。由来同一梦，休笑世人痴！”这就是作者想说的。真正的作家内心都有几分悲观和苍凉。

那么你在小说中如何借用他人语表达这份悲观和苍凉呢？

我在《还魂记》前面也有一段类似的障眼法文字，说是本人某日在野猫湖一荒村破舍避雨，发现一墙洞内有一卷学生用作业本，发黄破损，渍痕斑斑，字迹杂乱，难以辨认。细看是一本野鬼所作的手记，带回武汉后稍加润饰，每段文字附上小标题，公之于众，云云。我假托这个叫燃灯的鬼魂之口，对人世、对故乡表达他的怀念和留恋之情，讲述他的一生，死后成为孤魂也不得安宁，村民们还要让他再“死”一次。当然，也许这个鬼魂的还乡是他在被打之后，在那几天昏迷中的一次漫长梦游……谁知道呢。

你多年的创作经验和阅读思考及丰富的才情在《还魂记》里得到畅快淋漓的表达，但是，对于熟悉你既有创作风格的读者来说，也面临阅读的挑战。这一点你考虑过吗？

我开始创作的时候有这方面的担心，后来书出后，喜欢我的读者依然喜欢，这是出乎我的意料的。从我得到的反馈看，读者和朋友们对我的这次文体实验评价不错，作家不能沿袭自己走顺了的套路，那样写没有什么惊奇，也不困难，我不喜欢，我喜欢的是出新出奇，我讨厌工匠式的复制。对长篇我看重的是这个作家还有没有文体和语言创新的能力，如果我翻开一看，不就是老套路吗，这个故事编得再好，被分析得再深刻，我是没有阅读兴趣的。读者要挑选作家，作家也在挑选读者，我不准备去将就他人，去迎合市场，我写作是因为我想说话，想要说该说的话，说出我这个年纪对生死、对世界的想法。我写了一辈子，读了一辈子，在长篇小说上我认为我们与国外作家是有距离的，我们没有什么好得意的，每年那么多长篇出来，能读的有多少？大多质量平平。让人眼睛一亮的、让人惊喜的作品有几部？所以，中国作家必须努力。

诗意的语言是你的一贯特色，在这部作品中，这一特色得到更充分的展示。你如何评价语言之于小说的价值？

还是引用汪曾祺的话："写小说就是写语言。"在当代作家中，汪曾祺是第一个清醒者。好的语言印在书里那么好看，那么有意思，乏味的语言印在书里就像公文一样让人生厌，被吹得高高的那些小说，味如嚼蜡，动辄几十万字，百万字。我真佩服那些人，真能写啊。我是不会那样写的。先写五六十万字，再砍，再删，凡是能大砍大删、东挪西移的小说一定是垃圾，甚至连节奏都没有。我的长篇不可能超过25万字。这部小说实际字数是20万字，我原先准备只写15万字。我认为好的长篇15万字就行了。网络小说听说还有一千万字的，那不是写小说，那是胡扯。对文字要有起码的敬畏，一个人不能说太多的话，成为饶舌妇，语言是神灵，不可滥用。要节制语言，控制气息。一句下去，掷地有声，不拖泥带水。言多必失，是指失去自己体内的真气。反正我的小说写完是不能大改的，没有这个空间，语言是按照自己生命的气息和节律出现的，在出现之初，轻重缓急都已经定好了。

在这样无所顾忌的表达中，你有怎样独特的收获和感悟？

写作是把自己的精神和才能提拔的过程，我不知道近些年有没有这样的小说出现，我读得少，我不是指什么亡灵叙事，我是指这样写，让人在文字中感受到一个孤魂野鬼在遥远的村庄游荡，他内心有那么多对人世生活的依恋。他活在这个时代，也死在这个时代，我们从他的遭遇中感受到了什么？是否通过他的所思所想对这个世界、对我们的生命有重新认识？每次写作我都会有新的收获，完成了这样一本书，我看见了我的固执和勇气，写作过程中要克服懦弱不是容易的事情，一个长篇从起心到完成会花费几年，这其实是折磨自己的过程，而且很漫长，不能让自己疯掉。这也是个练心性、磨性子的过程。追求新的表达就是与自己对峙，与自己决斗，不屑于那个自己，重建一个自己。所以写长篇的时候，有两个自己在前面，你操纵新的自己灭掉旧的自己，蜕出壳来。打败自己，是唯一的工作。

有评论认为，《还魂记》呈现出西方魔幻现实主义技巧与荆楚大地的“山鬼”文化杂糅而成的中国式魔幻现实主义。能否谈谈楚文化和西方文学给你的创作带来的影响？

历史上的楚国曾是谜一样的地方，至今我们对其了解甚少。不用说两千多年前，在明朝时还被称为蛮夷之地，远离中心，这种情况至今也没有什么改变。所谓荆、楚，都是荆棘的意思。研究楚国文化的人说，楚国创造了可与古希腊文明媲美的文明，她的青铜器、丝绸、玉、漆器、音乐、文字（楚简）达到了当时中国乃至世界的高峰。我不妄论。但有一件事让我很震惊，在荆州出土的西汉古尸中检查出肝脏带有血吸虫。在荆棘大泽中生活的楚人，在当时，估计一半人夭折于血吸虫病。虽然杀死了体内血吸虫，但肝脏损伤，腹胀如鼓，当地叫“筲箕臌”，肝脾肿大腹水而死，估计楚人的寿命都十分短。所以在天不假年的情况下，楚人信巫鬼，重淫祀是非常正常的。一代代，成为文化基因，影响了楚人的生命观、世界观。我从小就信鬼魂。我是在没有电灯的乡下长大的，13岁才看到电灯，黑暗是我们生活的一半，田野上游荡飘浮的磷火每个晚上都伴随我们，浓郁的巫鬼氛围让我们与别人的生活不一样。

也许在县城和大城市长大的孩子跟我们的童年少年记忆完全不同，我写鬼魂的东西同样是一种真实的精神生活。在对文学理解得越来越深入和宽广的今天，写作变得越来越开阔，我们应该正视我们自己的生活，而不是按照几十年理论教给我们的方式写作，按别人写滥的样式写作。我的《还魂记》是一种回归，收回我们的文学失地，收回我们的文学故土。回归我们的文学传统，回归真正意义上的乡土文学，即按照我们的生活方式和记忆写我们的精神故事——小说是精神生活的纪实。西方文学特别是魔幻现实主义可能会给我带来了某种写作冲动，但决定我写作的肯定不是西方的小说，是我自己的土地记忆和生活感受，我只能对我自己所处的世界有发言权，写不熟悉的生活就是说谎。有外国作家说写作就是撒谎，我不喜欢在小说里撒谎。我认为，虚构不是撒谎，只有真诚才能拥有读者，掏心窝子才是写作的正途。

设问人：舒晋瑜 作家，《中华读书报》总编辑助理
卢临节、胡颖峰 评论家

麦　家

麦家，1964年生，浙江富阳人，曾任浙江省作家协会主席。主要作品有长篇小说《解密》《暗算》《风声》《风语》《刀尖》等，电视剧《暗算》《风语》《刀尖上行走》（编剧）等，电影《风声》《听风者》等。《解密》被翻译成33种语言，是世界图书馆收藏量第一中文作品，被《经济学人》评为2014年度全球十大小说，英文版被收进英国“企鹅经典”文库。曾获茅盾文学奖。

打击和“打铁”

麦家坦率地说，《暗算》是从《解密》80万字的退稿中整理出来的。他觉得《解密》的废稿里面藏着金子，他把金子捡出来就成了《暗算》。但是它2003年发表，2004年拍电视剧，2005年就播，一播出就火了，然后就获得了茅盾文学奖。当年的茅盾文学奖授奖辞是这样评论的：麦家的写作对于当代中国文坛来说，无疑具有独特性。他有着奇异的想象力，构思独特精巧，诡异多变。他的文字有力而简洁，仿若被痛楚浸满，可以引向不可知的深谷，引向无限宽广的世界。

在萧红的文章里，我看到鲁迅是下午4点钟才起床，开始一天的生活，他的创作都是在夜晚完成的。你一般在什么时候写作？

不一定。如果十年前你问我，我会说夜里居多，但现在主要是白天。年纪会改变人，时代也会。我已经五十多了，夜里写作会失眠，加上现在到处在讲健身，吓得我也不敢过夜生活了。

一般情况下，每天写作多长时间？

都说写作像谈恋爱，时间是次要的，状态很重要。一般上午是我的写作时间，下午是会友和健身。如果状态好，会取消会友，从上午延长到下午4点，然后去健身。“谈恋爱”必须要有个好身体，而好身体是要靠日日养的，最好的养法是去健身房流汗。

你不仅是作家，而且是当下最有人气的著名作家之一。实际上你不仅是作为作家个体生活着，你还有一个公共的身份。这种身份是否给你的生活带来不便？比如媒体啊、读者啊等等，他们与你的联系多吗？是否有让你觉得无奈的时候？

我虽然没有七老八十，但基本上过的是老人的生活，跟外界接触很少，朋友也不多。但上有八十多岁的老人，下有两个孩子，也是够忙碌的。忙碌不会影响写作，有时越忙越有写作的劲，慵懒才是最磨灭时间的。

你在很多地方谈到你不喝酒，如今当了作家协会主席，应酬自然是多了。现在是否开始考虑喝点酒？

作家协会主席是没有酒喝的，即使有，我也不要喝。我家里有的是酒，那是因为我不爱酒，慢慢攒起来的。作家朋友到杭州，喝的都是我自己的酒。我当所谓主席已经三年，还没有去作家协会报销过一顿餐费。作家协会还没有我个人家底厚，才不要喝它的酒。

你说年轻时腰肌受到损伤，现在还有后遗症吗？

有，现在背上还痛着呢。

现在身体状况如何？你上次谈到写《风语》时失眠是家常便饭，现在好点没有？

好作家都失眠，要么入睡困难，要么醒得早。我最近睡得还好，所以写不出东西来。

你曾说一直不愿意换手机，因为你拒绝随波逐流的时尚，现在听说你对微博上瘾了？

哈哈，你对我太不了解了。我曾经开过微博，新浪、腾讯都开，两边加起来粉丝2000多万，但两年前全都关张了，连微信也没有。年纪大了，我喜欢“落伍”了。

现在回富阳老家的次数多吗？隔多长时间过去一次？

老母亲八十五，人老了像小孩，怕孤独，得经常回去陪她吃个饭，聊聊天。一般只要人在杭州，每个周末都争取回去陪陪她。

在当选作家协会主席后，你又多了一重身份，这对你的生活和创作有什么影响？

我的“主席”只有名——有名无实，也无职责，任何事情都不管。让爱管的人去管，不爱管的人靠边站，各得其利，何乐不为？

如果我没有记错的话，你从成都调到杭州应该有8年了，适应新的环境吗？

不适应也得适应。作为一个写作者，自己才是环境，外边的一切都可以不理睬。

在这几年中，与杭州文学圈的联系多吗？

很少，也不想多。

你创办的“理想谷”目前已经投入使用了吧，是向全国招聘青年作家，还是只局限于省内？是否达到了你创办的预期目标？

理想谷是我和老婆没事找事做的一件事，主要是围绕文学做的一个综合性书吧，特色是“免费”：来读书的人可以免费喝咖啡、茶等饮品，来写作的人吃住也是免费的。可以说，这是我有了闲钱后养的一只“宠物”，营业已经三年，社会效果应该是很不错。现在读书的人多的时候有五六百，完全是人满为患，这是我当初没想到的，还有那么多人喜欢文学。入驻写作的人都是无名的年轻人，目前是一个上海人，80后，叫沈峰，很优秀的一个小伙子。这种人，只要坚持写下去，我相信一定会有收获的。去年还入驻过一个西班牙年轻作家，就是说，没有地域局限。如果说有局限，那是我的局限，因为毕竟只有两个房间，能入驻写作的人是很少数的，最后谁来谁不来主要是凭我感觉。但我决不搞“近亲繁殖”，到现在为止来的人都是我不认识的，都是我根据他们已有的作品和写作计划来下判断的。你想来吗？不欢迎！因为我认识你。其实，这是我的一个交友平台，我想认识更多的年轻人，嗅到时代的气息。

你什么时候开始写作的？是什么促使你写作的？

我写作是从写日记开始的。小时候因为家庭成分不好，被同学歧视，交不到朋友，很独孤，写日记是我唯一与人交流的通道，日记本是我仅有的朋友。写了十几年日记后，看到有些小说很像我的日记，我就开始写小说了，时间应该是在1986年。

你发表的小说处女作是哪篇？

我一般认定的所谓“处女作”是1988年发在《昆仑》杂志上的短篇小说《变调》。但这篇作品是1986年写的，叫《私人笔记本》，是个小中篇，发表时被删成短篇，改了名。后来我又恢复原貌，以《私人笔记本》之名再次发表过。

在写作之初是否得到过很多鼓励？

没有。多的是泼冷水，退稿信堆一摞。

你阅读是抱着学习的心态还是为了休闲和放松？

阅读和写作是我生活的主要内容和方式，阅读是写作最好的准备，阅读也是逃避写作的最好方式。

《暗算》《解密》《风声》等作品，在不同层次上都可以看出受到博尔赫斯的影响，比如迷宫结构、对大量材料的征用，等等。与博尔赫斯的小说相比，你的小说更平易，更能让读者接受，你如何处理与博尔赫斯作品的差异性？

其实博尔赫斯是学不了的，学博尔赫斯，你得至少博览群书，博古通今，加上一个哲学家的头脑和一支诗人的笔。这些都不是一般人能有的，我更没有。博尔赫斯给我最大的启发和帮助是，侦探小说也可以当纯文学来写。

写一本书，你是在动笔之前就已经完全组织好了结构呢，还是一边写一边展开？

不一定，不同的作品有不同的写作过程，像和不同的女人恋爱，你会有不同表现一样。下一部作品还在写作中，谁知道能不能完成，完不成的话，这个过程也就“归零”了。说到归零，这个词现在经常被人用到，但我可以炫耀一下，这个词是我发明的，是我在写《暗算》电视剧本时，第一次用到这个词。

读者期待着呢，相信不会“归零”吧？那么，你是使用传统的笔纸还是敲键盘？

当然是敲键盘。坚持用笔纸写的都是大师，或者自认为将当大师。大师要留下墨宝，以便后人用放大镜看。

海明威说，最好的写作注定来自你恋爱的时候。美国诗人凯鲁亚克说他在吗啡刺激下写作就会诗性大发。你在什么情况下可以进入写作的最佳状态？

我恋爱时只想恋爱，一个字也写不了。我写作时一般会抽烟喝茶。现在香烟被人说得比鬼还可怕，我也尽量控制了，一天七八根。作为人，我是越来越乖了，作为作家，我是越来越没出息了。放纵的人才能干大事，我很胆小，成不了大事的。

写作写到一定的份上，就有自我复制的危险。你是否有这种危机感，比如近十年来，是否有创作的枯竭感？

是的。关键是写的冲动越来越少。

你的《解密》《暗算》都是由短篇小说发展起来的长篇小说，很少有作家这样。你为什么会想到重写一部曾经发表过的作品？

都说好马不吃回头草，我经常吃，说明我不是匹好马。但大家都乖乖地不回头了，我放肆地“独树一帜”，又说明我可能吃到好草。开玩笑的啦，但较真地说这些有什么意思呢？每个人都有自己的写作个性和习惯，而且作家不是靠你的写作方法或者什么被人叫好的，关键是你写出了什么。英雄不问出处，蒲松龄靠道听途说写出了《聊斋志异》。

说起作家的心理经验与作品之间的联系，安格斯·威尔逊说，作家写作是因为受了某种创伤，他用他的创作作为某种治疗，这样就不至于彻底失心疯。另一方面，奥尔德斯·赫胥黎却有完全相反的看法。他说作家的心智非同一般地健全，要是不幸有神经衰弱的毛病，则会成为写作的障碍，你对这个问题怎么看？

我很认同安格斯·威而逊的讲法，我如果从小不写日记，没有这个“唯一的朋友”，可能早疯了，或者蔫了。而且我坚信，威而逊的说法可以通吃大部分作家。至于赫胥黎，他在说另一个问题：作家要有好身体。这也没错，神经衰弱，通宵失眠，病怏怏的，怎么可能写大东西？写长篇是个体力活。

《解密》的出版初步奠定了你在文坛的地位，而《暗算》被改编成电视剧后，特别是《暗算》一举摘得茅盾文学奖后，你的声誉更是如日中天。你如何看待这些接踵而来的荣誉和名声呢？

不要自恋，哪有什么荣誉和名声，一个最小的圈子里的小人物而已。我以后如果写不出东西来，跟外界没任何关系，只是自己才情不够，努力不够。

现在很多新生代作家把自己的小说改编为电视剧，而且剧本由作家本人亲自操刀。你在改编的过程中，是否会在小说和影视之间做出某种平衡?

当然，自己改编肯定是最好的，但我现在没时间，也没必要写剧本，只好任人糟蹋了。写小说是为自己干活，写剧本是为人打工，只有一个目标：挣钱。我不需要挣钱了，作为一个写作者，我钱已经挣得够多了。

你的小说，不论是前期写的中短篇小说，还是写英雄人物的长篇系列，始终笼罩在悲凉的色彩中，充满宿命色彩，这是否潜在地与你记忆中的阴影有关?

我“唱的歌”都是“受伤的音乐”，因为这是我心灵深处的声音和旋律。童年是一个人的尾巴，剪不断的。

你的小说人物很多都是生活在社会边缘的灰色人物和弱势群体，比如马三、阿今，甚至是容金珍、阿炳、黄依依等等，都受到权力的绝对限制和压抑。你为何选取这类人物作为你的关注对象?

因为我就是这样的人，他们都是我“变出来”的，万变不离其宗。

从中短篇小说到长篇小说的创作，你对人物的把握实际上发生很大改变，前者是偶然造成悲剧，是单色调的悲凉，而后者所表现的那种不甘示弱的超人意志，是一种辉煌人生照耀下的悲剧，是复调的悲剧，生命诗学更趋于复杂。那么，是什么导致了你的这种创作转折?

时间，阅历，命运感。一个人只有过了四十以后才会有命运感，当命运被你认识甚至握在你手里时，你既会感到无边的无奈，又会被这种宽阔的无力感鼓励。

《解密》断断续续写了11年，其中浸满了你的血汗、快乐和痛苦，也是至今为止最让你引以自豪的作品。你曾说这部作品让你受尽折磨，还曾多次打算放弃它，除了一些生活中的意外，是否还有其他方面的原因？

时间长，主要是因为被不停地退稿。《解密》被退过十七次稿，每一次退稿，对我个人都是打击，无情的打击，但对作品来说都是“打铁”。我相信，《解密》是一部非凡的小说，这要感谢那些退稿编辑，给了我反复修改、打磨这部作品的机会。

某种意义上，《解密》是一部“奇书”和“怪书”，这种怪异的审美特征其实早在中篇小说《黑记》中就出现了，为何钟情于这种怪异美学？是为了争取读者，还是因为你本身的个性？

别指望去争取读者，读者最无情。我本人首先是个读者，我最讨厌那些“聪明的书”，挖空心思想讨我的好。我喜欢那些“笨书”，醉在自己心怀里，把自己最深的那部分挖出来给我看。作为一个作家，我的体会是，别去研究读者，研究自己最要紧，读者的“热点”和“特点”是捉摸不定的。

在写法上，由于题材的敏感性，秘密部门的真实情况是不能道出的，而在秘密部门的工作经验，让你在题材上独占山头，那么，在写作中会不会不自觉地触碰到“红线”？

我写的不是我的经历，而是小说，没有“红线”。萨特有一个短篇，说的是一个人被敌人抓捕后，敌人审问他，问他同党在哪里，他为了捉弄敌人，虚构了一个地点，结果敌人就在那个地方抓到了他同党。

如果我虚构的小说碰到“红线”，就类似于这个故事，太荒诞不经了。

你作品的受众面是相当大的，在市场卖得很火。这样一来，读者的层次可能就会参差不齐。残雪作品因为晦涩难懂，结果读者寥寥，她在写作之初就预料到了，她预设的理想读者是那种“解密”式的创造性读者。那么，在写作之初，你心中是否有预设读者？你认为理想的读者是哪一类？或者说，你相信你的小说可以在何种程度上改变他人？

前面说了，读者是无法迎合的，我写任何东西时心里只有我自己，装不下别人。我也不知道我的东西能改变谁，但我知道它改变了我。

你的很多作品被改编成电影和电视剧，比如《暗算》《风声》等，而且影视剧本都由你亲自操刀，你的“两栖”创作都有不凡的表现。听说《解密》也已拍成电视剧，不久要跟观众见面。我们都很期待这部电视剧，看看电视剧与小说在情节内容上有什么变化。剧本写作与小说写作有什么不同呢？我很好奇你在两种不同的艺术创作中是如何转换角色的？

跟小说相比，剧本的“艺术成分”几乎可以忽略。写剧本是个行活，基本有个套路，写小说要的是没有套路，千姿百态，猫有猫道，狗有狗道。写剧本只有一个道，跟着导演或者投资人走，你自行其是，必是自取其辱。

到现在为止，《暗算》《解密》已再版十多次，后者被翻译成33种语言在国外出版，而且世界三大出版巨头都出版了你的小说。这充分说明，你的小说在市场拥有强劲的竞争力，这可能是你在写作之初所没有预料到的。那么，你认为你的小说为何拥有那么多国外读者，对国际消费市场有何预期？

我只负责写，不负责解释。我解释本身是对读者的不尊重，剥夺了他们对我作品说三道四、评头论足的权力。中国还是小，自卑心理重，喜欢以外国的态度来看待我们的成功能否，所以闹出了不少“小样”，洋相出尽，比如有些中国作家为了迎合老外，不停地扇自己的耳光。

你觉得应该如何评判一部文学作品的优劣？是看市场销量，还是有自己的一套标准？特别是现如今，一部作品出版往往评价好坏参半，比如余华的《兄弟》《第七天》，等等，学术界对这些作品的评价褒贬不一，甚至反差极大。文学评论逐渐失去了公信力。你认为这是什么原因造成的？

总的来说，现在衡量一个东西的标准越来越多了，有市场，有网络，有官方的、有作家协会的、有文学评论家的，评论家又分在野的、在朝的，还有国际的，等等。相比于以前，一个评论家通吃大小，一言堂，这是好事，也是正常的。评论家失去公信力，那是评论家自己的问题，有的文学鉴赏能力太差，有的只为红包站台，有的只为交情说话。我有钱，可以抵制红包骚扰，但抵不制交情侵扰。我也经常为交情美言一些平庸之作，这时代，你很难独善其身。所以，公正地说这也不仅仅是评论家自身的问题，是时代的问题。相比于周边的艺术圈，我认为，文学界的问题还是小的。

设问人：王迅 评论家，广西文联文研室副编审

《对话百家》系列丛书作家名录

刘醒龙　刘庆邦　刘慈欣　李敬泽　李佩甫　迟子建
余　华　吴克敬　张　炜　张　平　杨少衡　杨争光
肖克凡　邱华栋　邵　丽　阿　来　阿　乙　陈忠实
陈　彦　陈应松　麦　家

宗　璞　周大新　周梅森　范小青　范　稳　金仁顺
柳建伟　残　雪　胡学文　赵本夫　赵　玫　海　飞
莫　言　贾平凹　陶　纯　盛可以　笛　安　葛水平
蒋　韵　韩少功　熊召政　魏　微

王安忆　马　原　叶　辛　孙　颙　血　红　吴　亮
张　翎　甫跃辉　陈思和　金宇澄　赵丽宏　姚鄂梅
唐　颖　殷健灵　秦文君　钱谷融　葛　亮　路　内
蔡　骏　潘向黎　滕肖澜

大　解　王　干　叶　舟　宁　肯　龙仁青　吉狄马加
刘亮程　西　川　何建明　李元胜　李鸣生　李修文
李春雷　周晓枫　欧阳江河　荣　荣　海　男　商　震
梁　鸿　裘山山　鲍尔吉•原野　熊育群

弋　舟　马金莲　双雪涛　文　珍　王十月　王威廉
付秀莹　田　耳　石一枫　乔　叶　孙　频　朱山坡
张悦然　张　楚　李　浩　李骏虎　肖江虹　周李立
郑小驴　徐则臣　黄咏梅　鲁　敏

二月河　凡一平　王　蒙　王跃文　王　刚　王祥夫
尹学芸　方　方　邓一光　东　西　冯　唐　冯骥才
艾　伟　叶　弥　关仁山　吕　新　孙惠芬　朱　辉
次仁罗布　衣向东　红　柯　刘　庆